ANGELI

E AGORA SÃO CINZAS

L&PM POCKET

Coleção **L&PM** Pocket, vol. 606

Primeira edição na Coleção **L&PM** POCKET: outono de 2007

Produzido e editado por *Vogtres edição e design* para L&PM Editores
Conceito e edição geral: Antonio Mendes
Editoração: Eros Lima
Desenho da capa: Luiz Gustavo
Revisão: Larissa Roso

CIP-BRASIL. CATALOGAÇÃO-NA-FONTE
SINDICATO NACIONAL DOS EDITORES DE LIVROS, RJ.

A59e Angeli, 1956-
E agora são cinzas / Angeli. – Porto Alegre, RS: L&PM, 2007
104p. : il. – (L&PM pocket ; v.606)

Texto em quadrinhos

ISBN 978-85-254-1327-7

1. Histórias em quadrinhos. I. Título. II. Série.

06-4650. CDD 741.5
CDU 741.5

PORTO ALEGRE: Rua Comendador Coruja 314, loja 9 - 90220-180
Floresta - RS / Fone: 51.3225.5777
PEDIDOS & DEPTO. COMERCIAL: vendas@lpm.com.br
FALE CONOSCO: info@lpm.com.br
www.lpm.com.br

Impresso no Brasil
Outono de 2007

Éramos todos idiotas e não sabíamos

Gonçalo Junior

Impressões de viagem. Diário de bordo. Crônicas de um novo mundo. Relatos de um náufrago. Qualquer um desses títulos cairia bem para definir essa antologia inédita em livro – os textos, cartuns, sacadas e quadrinhos avulsos saíram apenas na Chiclete com Banana *entre 1985 e 1990 –, dividida em dois volumes: um,* Os brutos também amam*; dois,* E agora são cinzas. *Trata-se de uma produção que preserva toda a intensidade de quem viveu aquele período e permite, com a distância do tempo, perceber o quanto Angeli transportou para o humor as aflições de sua época e construiu uma das mais ricas e críticas sínteses de uma geração.*

Assim como os cronistas e aventureiros que relataram suas viagens pelo mundo entre os séculos XVI e XIX, esse artista paulistano registra suas impressões do caos de um período fundamental para a história brasileira nos últimos cinqüenta anos: a década de

1980. No momento em que esses anos voltam numa enxurrada de reprises, o material aqui apresentado pode ser visto como um contraponto. Para quem gosta de caixinhas de cigarro de chocolate ou bonecos Falcon, aliás, talvez até se sinta meio idiota ao ler as páginas a seguir.

E, como profetiza ele no título de um dos textos, éramos mesmos todos idiotas. E não sabíamos. Culpa da ditadura? Principalmente. Um fato fundamental na história do gibi da Circo Editorial foi a revista ter surgido em outubro de 1985, quase simultaneamente com a chamada Nova República, como era conhecido o processo de redemocratização do país, depois de 21 anos de regime militar. Cambaleante, o país tentava respirar. E o pior, via emergir políticos da pior espécie: os que fizeram ph.D. na direita; e os ditos de esquerda, de propósito duvidoso muitas vezes. A repressão e os assassinatos haviam sepultado a geração brilhante da década de 1960 que poderia ter mudado o país.

Embora confesse à queima-roupa no ensaio biográfico Os broncos também amam *– título do primeiro volume – que escrever é uma tortura, o que se lê são impressões ácidas, porém saborosas, de um autor hábil em manipular as palavras, fazer trocadilhos e satirizar acontecimentos políticos, culturais, sociais ou depreciar a si mesmo.*

As tiras, os desenhos e as histórias em quadrinhos da Chiclete com Banana *eram a marca registrada da revista. Mas algumas seções, como a do jornalista Benevides Paixão, baseada na experiência de*

Angeli na redação do jornal Folha de S. Paulo, *onde trabalhou internamente nos anos de 1980, fez dele também um crítico fino e sarcástico do estrelismo que acometeu muitos jornalistas. Benevides Paixão fazia tanto sucesso entre os estudantes de comunicação, que virou até nome do centro acadêmico da Faculdade de Jornalismo da PUC-SP.*

A coluna do voyeur *e esnobe Ed Campana, recheada de fotos com mulheres gostosas e textos sacanas – que beiravam a pornografia –, parecia ser uma produção coletiva. O principal motivo era que a foto do editor Toninho Mendes aparecia na coluna. Nada disso. Tudo saía da cabeça do criador de Bob Cuspe e Rê Bordosa.*

Angeli mascava chiclete e distribuía banana para todo lado. Estava de olho em tudo à sua volta. E dedicava especial atenção à influência estrangeira na música e no comportamento. No caso do rock, percebeu que algo estava errado: o velho e bom rock'n'roll caíra de quatro, perdera a rebeldia e virara produto de consumo da indústria cultural, alimentada por bandas de cabeleiras coloridas regadas a muito laquê e, ao que parece, pouco cérebro por baixo.

A existência, os relacionamentos entre homem e mulher, o pós-amizade colorida, a Aids, o desafio de educar os filhos diante da liberdade pregada pela revolução sexual. Tudo isso compõe esse retrato mordaz. Talvez a garotada estranhe termos e siglas como Frente Liberal, PDS, Inamps, terminal de telex ou Menudo. Tudo, porém, continua atual. E isso faz toda a diferença.

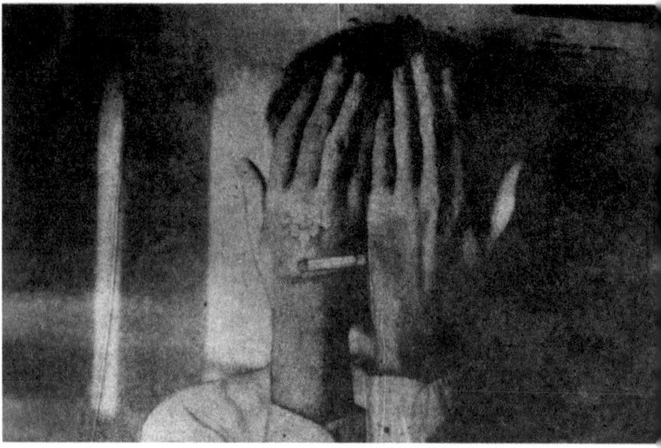

E AGORA SÃO CINZAS

Não há fumante que não tenha tentado desesperadamente parar de chupar aquele maldito bastão nicotinado, conhecido como cigarro e vulgarmente chamado de "careta" pelos próprios. Eu, como cigarrista, considero-me caso perdido. À beira do abismo.

Quando pequeno imaginava um dia ser balconista de tabacaria, pois roubaria cigarros até o pulmão fazer bico. Sonho meu! Acabaria na seção de roubos e furtos da delegacia mais próxima e, aí sim, teriam que me levar cigarros na cadeia. Portanto, sempre paguei todas as porcarias consumidas pelos meus pulmões. Se é para morrer, que seja do meu próprio bolso.

Desde garoto me interesso pela arte do suicídio à prestação. Meu pai era funileiro de uma pequena oficina do bairro onde eu, com apenas nove anos, passava dias à cata de bitucas de cigarros pelo chão, para depois fumar escondido. Até o dia em que meu pai avistou sinais de fumaça saindo detrás de um barracão. E como onde há fumaça há fogo, não deu outra. Pegou-me com a boca na botija. Ou, na bituca, para ser exato. Rapidinho, sentei em cima do cigarro na esperança de apagá-lo e, com todas as forças, segurei a ardida fumaça nos meus minúsculos pulmões. Com a bunda em chamas e o peito estourando, vi meu pai tirar a cinta para submeter meu já tão maltratado traseiro a uma série de cintadas. Enquanto apanhava, soltava fumaça por todos os lados. Parecia malhação do Judas.

Mas um bravo nunca morre. Mais tarde, já adolescente, descobri que tomando banho à noite, depois do meu pai, poderia roubar cigarros de seu macacão. Roubei um, roubei dois, roubei vários. Fiquei meses nessa mordomia. Fumava no banheiro, na crença da fumaça se confundir com o vapor do chuveiro. Não só dei com um burro n'água como também com a manada inteira.

Uma noite coincidiu meu banho com a visita de tias do interior. O cheiro do crime foi invadindo lentamente a cozinha na hora do tradicional cafezinho. Abriram a porta com uma chave auxiliar. Parecia o Inferno na Torre, fumaça pra todo lado. Meu pai entrou no banheiro sumindo entre a fumaça e só aparecendo novamente comigo, aos berros, pendurado por uma das orelhas. Jurei ser a última vez que punha um cigarro na boca. Pelo menos os do meu pai.

Quando a família anunciou ter chegado a hora de trabalhar, achei ser a grande oportunidade de tomar conta do meu próprio nariz e, conseqüentemente, do pulmão. Depois de inúmeras tentativas, consegui um emprego de "ofici boi" no centro da cidade. Mas, como não passava de um pirralho, deram-me apenas trabalhos internos. Para minha tortura, defronte minha mesa havia um aviso: "É Proibido Fumar". Também... Com um salariozinho de merda daqueles, não dava nem para os cigarros. No entanto, logo me tornei um menino-moço, ganhei aumento e serviços de rua. Que alegria! Enfiei um Continentalzão sem filtro no canto da boca e saí pelo Viaduto do Chá pensando ser Humphrey Bogart.

Com o tempo, me acostumei com o volume do cigarro no bolso, e meu pai também. Afinal, eu já era marmanjão, com penugens pelo rosto que mais pareciam sujeira do que barba na cara. Mas, que se fodam as penugens! O importante foi ter conquistado o direito de entupir meu pulmão quando e como bem entendesse. A família estava ciente da desgraça, nada mais poderia fazer. A coisa pegou fogo mesmo quando arrumei um bando de delinqüentes como amigos. Todos fumantes inveterados. Vivíamos escutando discos de rock, bebendo rabo-de-galo e amedrontando as mocinhas de família. Hoje sei. Na verdade eram elas que nos amedrontavam.

Certa vez, fomos com nossos respectivos cigarros a uma festa de debutantes. Hostilizaram-nos tanto – talvez pelo volume de fumaça – que resolvemos apagar nossos cigarros no bolo da aniversariante. Saímos dali picados. Porém, não fomos longe. Correr não é para fumantes. Arf... Arf...

Anos se passaram. Maços e maços foram tragados. Hoje me considero um sujeito perigoso. Em posse de um cigarro aceso já causei tanto desastre que minha vida daria um incrível roteiro de filme-catástrofe. Queimei namoradas – algumas gostaram, outras nem tanto –, botei fogo em colchões, queimei cabelo, tostei bigodes, quase incendiei um carro e, o pior, estourei meus brônquios.

Um fumante só reconhece sua desgraça depois de se transformar numa Cubatão ambulante e, para chegar a este ponto, terá fatalmente de passar por três estágios:

1 – O estreante tenta desesperadamente mostrar ao mundo que está fumando. Joga fumaça na cara dos outros, puxa conversa sobre marcas de sua preferência e, quando se trata de um casal de iniciantes, basta um acender um cigarro para o outro acender atrás. Um deslumbre total.

2 – É o estágio da normalidade. O viciado não se acha viciado. Toma banho fumando, faz xixi fumando, trepa fumando... Tudo fumando e acha que o papo de cigarro dar câncer serve apenas para os outros.

3 – Bem, se aqui a vaca ainda não foi para o brejo, está à beira dele. O fumante e o fumo se tornam inimigos inseparáveis. Acende o cigarro com ódio, não suporta fumaça e não pode ver outros fumantes. Tem asco. Mas, mesmo assim, é capaz de atravessar a cidade, alta madrugada, atrás de um mísero maço de cigarros. O pulmão chia, a respiração é curta e a consciência, dolorida.

Já tentei de tudo. Chupei balas, furei a orelha e, inclusive me utilizando da força do pensamento, consegui entortar garfos, facas e fazer meu filho levitar, mas parar de fumar que é bom... Lhufas.

Hoje estou conformado. Se não morrer de tanta nicotina, será de agrotóxico, gás da Índia, bomba atômica... Ou qualquer outra coisa inventada pelo homem para acabar com si mesmo. Então, só me resta acatar as sábias palavras de minha companheira de fumaça, Rê Bordosa: alguns nascem para ser a cura, outros a doença.

AGORA EM CADEIA ELEITORAL

HORÁRIO ELEITORAL

É TEMPO DE ELEIÇÃO, CHEGOU A HORA DE CUMPRIR SEU DEVER CÍVICO E VOTAR NUM DESSES CALHORDAS QUAISQUER. PORTANTO ANALISE AS IDÉIAS DOS CANDIDATOS, OS PROGRAMAS E AS BESTEIRAS DOS CANDIDATOS A CONSTITUINTE.

E SERÃO MEUS FAMILIARES QUE DIRÃO QUEM É ESTE COMBATIVO CANDIDATO QUE VOS FALA...
UM MONSTRO! NÃO DEIXA USAR MINISSAIA...
ME BATE TO-DOS OS DIAS...
ELE RONCA ENQUANTO DOR-ME!
ENCHE O SACO DE TODO MUNDO!
AU-AU!

SE FOR ELEITO, ACABAREI COM A IMORALIDADE, CASSAREI PUBLICAÇÕES PORNOGRÁFICAS, FECHAREI CINEMAS QUE EXPLORAM O SEXO E ROMPEREI AQUI, EM PÚBLICO, O CASO QUE TENHO HÁ ANOS COM MINHA SECRETÁRIA.
NÃO VOU FAZER DEMAGOGIA! DIZER QUE FAREI AQUILO... NÃO!! EU QUERO É GRANA!
MONEY, ENTENDERAM?

ESTAMOS AQUI, ARTISTAS DE TEATRO, GENTE DA TV, CANTORES DA MPB, ARTISTAS DA GLOBO, JORNALISTAS.... DANDO APOIO AO NOSSO CANDIDATO, QUE, POR PROBLEMAS DE ESPAÇO, NÃO CONSEGUIU APARECER NESTAS CENAS.

O NEGÓCIO É ACOCHAMBRAR, ENTENDEM? DOU UMA GUARIBADA AQUI... OUTRA ALI...
SOU O CANDIDATO DA FAMÍLIA CRISTÃ E TENHO AQUI UM DOCUMENTO ASSINADO E AUTENTICADO...
...PROVANDO A ADESÃO DE JESUS DE NAZARÉ À NOSSA CAMPANHA.

SE ELEITO DEPUTADO ESTADUAL FOR...
ACABAREI COM A DISCRIMINAÇÃO RACIAL NA ÁFRICA DO SUL.
CONTEREI O CONFRONTO NUCLEAR ESTADOS UNIDOS X RÚSSIA.
DAREI FIM NOS CONFLITOS DA NICARAGUA.
NÃO HAVERÁ MAIS FOME NA ETIÓPIA.
PRENDEREI O MALUF.

MUITOS ELEITORES ME ABORDAM QUERENDO SABER QUAL O MEU PROGRAMA. ORA, MEU PROGRAMA É O AFANÁZIO JAZADJI.
NÃO FAREI ACORDOS NEM COM O GOVERNO ESTADUAL, NEM FEDERAL, NEM COM NINGUÉM.
ALIÁS, SE ALGUÉM APARECER NA MINHA FRENTE EU DESSSSS-SSÇO-LHE O CACETE.

NOSSO PARTIDO É PEQUENO. SEM VERBAS, SEM RECURSOS, SEM DOAÇÕES, SEM QUADROS, SEM NADA... INCLUSIVE, SEM CANDIDATO PORQUE ACABO DE PULAR FORA DA GERINGONÇA.
TCHAU, ZENTE.

ANGELI EM CRISE
ORA, NÃO SE SINTA POR BAIXO... TRISTE...
AFINAL... ISSO ACONTECE COM TODO MUNDO!
É NATURAL...
...ESCAPAR UM PUNZINHO NA HORA DE TRANSAR!
BUÁÁÁÁ

QUE NOJO

"O homem é o câncer da natureza"
Millôr Fernandes

Sempre me senti incomodado com o ser humano. Durante anos tentei descobrir o ponto nevrálgico de minha irritação, mas em vão. Bastava ver a cara de um para minha pele se ouriçar toda. Tinha enjôo, náuseas... Às vezes até vomitava. Porém, com o tempo e calçado em muita observação, cheguei até o nervo exposto. O que me irritava no ser humano era o próprio ser humano. Sim! A coisa toda. Cabeça, tronco, membros e o que mais tiver. Não o suporto por inteiro. Seu jeito de andar, falar, comer, pensar... Afinal, convenhamos, o bicho é esquisito pra cacete. Basta darmos uma paradinha e analisá-lo para nos desiludirmos por completo. Eu sei, eu sei. Temos que ter esperança no homem, mas confesso ser incapaz. Faço força, mas *niente*. Trava tudo. No entanto, apesar deste asco todo, nunca deixei de anotar certas peculiaridades no comportamento deste animalzinho mal resolvido. Fiz inúmeras constatações, algumas desagradáveis, outras desanimadoras... Mas verdadeiras.

Bobeira geral

Parece-me que o ser humano não tem coordenação motora, pois come com a boca aberta, baba enquanto dorme, arrota em público, fala com a boca cheia, calça sapatos ao contrário e, sendo do sexo masculino, faz xixi fora do vaso. Depois, jura não ter sido ele.

Banha capitalista

Alguns da espécie alimentam-se de dinheiro. É. Dinheiro, money, bufunfa, tchulê... Comem qualquer nota. Quanto mais grana entra, mais obesos ficam. Tanto que, pelo tamanho da barriga, imagina-se a conta bancária. Depois que estiverem uns verdadeiros hipopótamos, nem lipoaspiração resolve.

Debilidade sexual

Você já viu um ser humano fazendo sexo? Não? Nem queira. É simplesmente horrível. Desajeitado, reprimido, rapidinho demais, egoísta, peludo e feio pacas. Urram, rosnam, chiam, miam. Às vezes, dependendo do clima, cantam até um tango. Para desgosto do freguês.

We Are the World

O ser humano é um poço de otimismo. Deixa-se levar por qualquer trolha. É páscoa, se fantasia de coelhinho; é Natal, veste-se de Papai Noel, e no Ano-Novo parece uma tia velha de tanta esperança. Abraça todo mundo, solta rojões, estoura champanhe... Por pouco não explode de tanta babaquice. Acredita no papa, no Ronald Reagan, no Dias Gomes... O que pintar, a besta engole. Até "Nova República". ÉÉÉÉCA!

Gênio é gênio

Já não uso chapéu para não tirá-lo a ninguém. No entanto, me curvo diante da incrível capacidade criativa do ser humano. É fantástica! Inventou a roda e foi atropelado por ela; inventou a sociedade e foi esmagado por ela; criou a bomba e pumba! Foi para os ares com ela... O que me faz deduzir que o ser humano é o único inseto a inventar seu próprio inseticida.

Desastre ecológico

E o cheiro, gente? É de matar! Fede nos pés, nas axilas, na boca, no nariz... Fede em todo lugar. Transpira feito bica, tem frieiras entre os dedos, calos nos calcanhares, berebas nas costas, espinhas na cara e furúnculos no sovaco. É a sujeira saindo pra fora.

Parece remédio, mas não é

Quando é careca, compensa na barba; quando é burro, compensa no físico; se é fraco, usa a força; se não é nada, se diz com tudo... E por aí vai... E volta, o que é pior.

Por isso e mais um caminhão de coisas acho loucura permitir uma coisa dessas andar por aí à solta. É desagradável.

Mais constrangedor ainda é saber que, diferente da vaca, da minhoca, da anta, da paca, o ser humano é racional e se, pensando, me causou tanta má impressão, imagine se não pensasse. Mas, o que fazer? Já me conformei com o fato de agüentar este animal jocoso pelo resto da vida. Afinal, sou um dos piores exemplares da espécie.

"OU DARK OU DESCE!"
UMA HISTORIETA NEGRA
DE UM AUTOR CINZA
VAMOS TRANSAR?
SERÁ QUE VAI DAR CERTO?
CLARO! HOJE EU ESTOU DAUN PACA!
MESMO ASSIM TENHO MEDO!
POR QUÊ?
PORQUE ME SINTO MEIO FELIZ. ESTOU MUITO ALEGRE PRO MEU GOSTO!

EU PONHO UMA FITA DO THE CURE PRA BAIXAR O ASTRAL.
NÃO ADIANTA, CARA!
O BRANCO DO LENÇOL VAI OFUSCAR OS MEUS OLHOS!
ENTÃO, POR QUE VOCÊ NÃO VAI À MERDA?
MERDA?
BEM... AGORA A COISA COMEÇA A FICAR INTERESSANTE!

EDI CAMPANA

UM COLUNISTA A FAVOR DA LIBERDADE DE EXPRESSÃO E DA LIBERTINAGEM EM EXPANSÃO.

Desde garoto tenho problemas por causa desta estranha mania. Quando minha mãe descobriu, no fundo de uma gaveta, infinidades de peças íntimas femininas, saiu bradando aos quatro cantos da casa que seu filho era veado, que se vestia de mulher e talicoisa. Coitada! Não sabia que seu pequeno adolescente passava o dia roubando tais peças dos varais da vizinhança para depois, à noite, adormecer embriagado pelo perfume das calcinhas alheias. O tesão estava no nariz.

Mais tarde, acabei expulso do colégio por insistir em espionar o vestiário feminino. Assim, então, decidi me transformar num autodidata assumido e num fetichista inveterado. Já se passaram muitos anos e hoje estou aqui, num hotel empoeirado, na Rue Fabre D'Anglatine, ao lado da Place de La Nacion, em Paris. Como vim parar aqui, não sei. Talvez seguindo o aroma do erotismo francês. No Brasil tornou-se difícil viver. Paizinho mais babaca. Falso cristão, falso moralismo, falsa democracia... Tudo falso. Acho que não existe. O Brasil é uma invenção dos partidos políticos. Por isso, optei por Paris, uma cidade adulta. Não é qualquer casal trepando em praça pública que vai abalar a moral parisiense.

Fetichar só é possível aqui na capital francesa. Talvez Berlim. Roma nem pensar. O povo italiano me lembra muito o brasileiro. Comem pizza e acreditam que erotismo é mulher pelada. Os dois estão ali ali em matéria de burrice sexual. Só pensam em possuir, comer, apoderar-se... E o

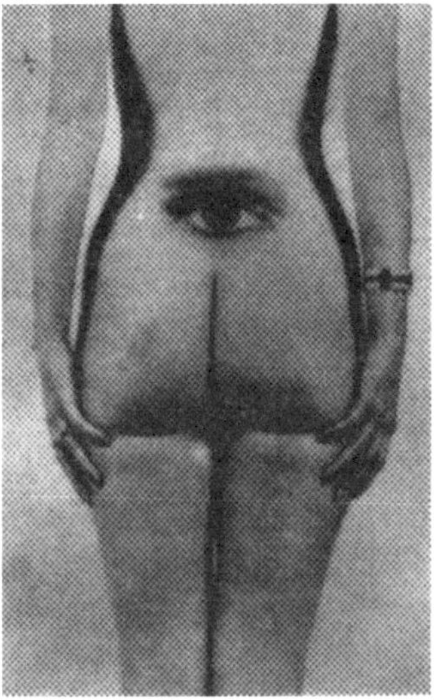

poder masculino. Isso, elevado ao plano político, gera incertezas sociais e econômicas. Massacram mulheres, matam homossexuais e cospem em negros. Só porque não sabem como e onde enfiar o prazer. Babacas! Por isso dou mil vivas a Paris, uma cidade que tem seus orgasmos numa boa, sem histerias. Folheando a imprensa careta, facilmente se encontra a procura e a oferta dos prazeres da carne. Anúncios de clubes sadomasoquistas, entidades homossexuais e adeptos das taras mais diversas. Tudo sem euforias adolescentes e sensacionalismos latinos. Por aqui dificilmente aparecem coisas tipo Senhoras de Santana ou Marcha com Deus pela Família. No hotel, por exemplo, os moradores nem se importam em ter como vizinho um cara esquisito como eu, que passa a tarde toda se masturbando na janela, enquanto acompanha o movimento das outras venezianas. Encaram tudo com a maior naturalidade. Até me cumprimentam pelo corredor, o que não quer dizer que eu retribua, mas é um motivo forte para não querer voltar para o Brasil. Enquanto conseguir alguns francos escrevendo baboseiras para esta revistinha infanto-juvenil, continuarei por aqui, entre os profissionais e distante dessa terrinha católica e caótica, onde mulheres andam quase nuas pelas praias, mas pensam como madres superioras.

Dá-lhe, Beatrice!

Nunca tive muito critério para julgar atrizes. Não sou capaz de diferenciar as ótimas das péssimas. No caso dos homens, tudo bem, tenho opinião definida: são todos uns canastrões. Menos Montgomery Cliff, mas pelo que sei ele não era muito chegado em fazer pose de homem.

Por mais de três décadas, colecionei paixões arrasadoras. Brigitte Bardot, Jane Fonda, Ornella Mutti, Grace Kelly, Rita Hayworth e mais uma lista interminável. Apesar das deusas sagradas, tenho prestado intermináveis reverências às novas divas e acabo desfalecendo diante da esperteza de Natássia Kinsky, dos seios de Valèrie Kaprisky, das pernas compridas de Daryl Hannah e do lábio inferior de Rosanna Arquette. No entanto, a minha queda por mulheres estilo renascentista tem feito meus olhos saltitarem até a barriguinha saliente de Beatrice Dale, uma francesinha tipo Bardot, que foi flagrada pelo cinema francês enquanto perambulava pelas ruas. Se seus filmes são bons, não sei. Acredito que não. Mas suas gordurinhas são impagáveis.

A solidão caminha pela Europa. Aqui em Paris, por exemplo, não há quem não tenha um cão ou um gato de estimação. Velhos e moços, homens e mulheres acariciam, apalpam e até dormem com seus pequenos animaizinhos.

Ao meu ver, além da solidão do povo europeu, existe aí um problema sexual. Na certa eles trepam com seus mascotezinhos. Eu, como odeio as crianças e os animais, vivo chutando essas pestinhas pelas ruas. Todos me olham aterrorizados, mas finjo que não é comigo e vou metendo a botina.

Gostosinhas mas ordinárias

Aqui na civilização, estilista tem status de grande artista. Os picaretas à parte, mas alguns deles realmente merecem o título. O transgressor Jean Paul Gaultier, por exemplo, transforma a mulher numa diva irreverente de final de século. Azzedine Alaia, enrolando o corpo feminino em seda pura, deixa o resto a cargo da criatividade das formas femininas. Os dois trabalham com tesão. Cada um do seu jeito. Roupas coladas no corpo, minissaias futuristas, muito couro e tecidos leves sobre seios nus. Enfim, tudo aquilo que abala meu pobre coração fetichista. Mas isso são as roupas. E as modelos? O que fazer com as top models? Verdadeiras musas deslizando pelas passarelas da futilidade. Bocas carmim, pernas longas cobertas por meias de seda, corpos esguios e, na maioria das vezes, uma cabecinha deste tamanhinho aqui. São incapazes de articular mais que quatro palavras e, quando conseguem, só sai bobagens. É o belo oco.

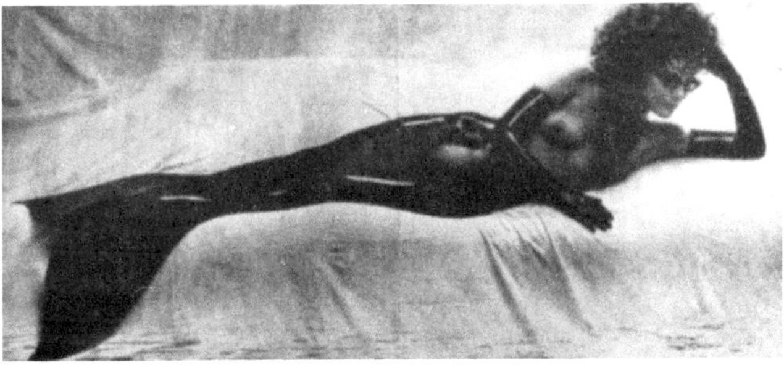

A grande imprensa denuncia que nossos bravos políticos tratam a nós, os eleitores, como se fôssemos idiotas, pois enchem o saco para votarmos neles e, depois de eleitos, não aparecem no congresso nem pra filar um cafezinho... E assim vão jetons em cima de jetons. Mas CHICLETE COM BANANA não acredita nisso. Acha que é tudo intriga da oposição e, para botar isso em pratos limpos, perguntou a eminentes e conceituados congressistas por que eles não...

VÃO TRABALHAR, VAGABUNDOS?

NÃO TCHUNS NEM SAI DE CIMA!
O QUE HOUVE? NÃO ESTÁ CONSEGUINDO TRANSAR?
CLARO! ESSE PAPAGAIO FICA O TEMPO TODO OLHANDO PRA MIM!
NÃO SEJA POR ISSO.
XÔ... XÔ...
CRADU!
E AGORA? ESTÁ LEGAL?
E ESSA LUZ?
O QUE TEM?

OFUSCA MINHA VISTA. ASSIM EU NÃO CONSIGO!
ENTÃO, VAMOS APAGAR.
APROVEITA E ABAIXA O SOM. NESSE VOLUME NÃO VOU CONSEGUIR!
PRONTO! SERÁ QUE AGORA CONSEGUE?
SÓ TEM MAIS UMA ÚLTIMA COISINHA!
TÁ! ENTÃO FALA.
DÁ PRA VOCÊ DAR UM TEMPINHO LÁ FORA?
EU SÓ CONSIGO SOZINHO!

ANGELI EM CRISE
QUANDO ADO-LESCENTE EU ERA BARRA!
SAÍA PELA NOI-TE QUEBRANDO TE-LEFONES PÚBLI-COS.
COISA DE MOLEQUE. PURO VANDALISMO.
COF
COF
COF
COF
MAS AGORA NÃO. TUDO É DIFEREN-TE.
COF
COF
QUEBRO MEUS PRÓPRIOS TELEFO-NES.
ZAP
BAM

Fontes seguras revelam: estamos prestes a sofrer uma invasão. Não de marcianos, mas sim de ditadores. São milhares de ditadorezinhos espalhados pelas escolas, bares, meios de comunicação, residências... Por todos os lugares. Talvez até esse tipo faceiro ao seu lado seja um tremendo ditador. Daqueles de arrasar qualquer Auschwitz.

Crie vergonha e saia pelas ruas à procura desses pequenos mussolinis que assombram o seu dia-a-dia. Eles tanto podem ser do sexo masculino como do feminino. Alguns nem sexo têm. Portanto, seja você também um fiscal do Sarney... Opa! Do Sarney, não! Este também é um deles. Seja, então, fiscal do Chiclete e denuncie, dedure, alcagüete, aponte, acuse, bote a boca no trombone – não da maneira que você está pensando – quando deparar com um desses monstrinhos.

Como identificar um pequeno ditador

● Caso você cruze com uma arcada dentária andando por aí, grite: “Heil, Hitler!”. Se ela bater os calcanhares, esticar o bracinho e responder “heil”, batata! Trata-se de uma arcada nazistíssima.

● Seu pai desce-lhe a porrada toda vez que você arrota na mesa? Meu chapa... Estás fudido. Você é filho de um Mussolini em potencial que fatalmente fará tudo para você ser igualzinho quando crescer. Se é que já não cresceu.

● Um médico com forte sotaque germânico insiste em amputar sua perna direita no intuito de curar um simples resfriadinho? Saia correndo, com as duas pernas, é claro! Só pode ser a ossada do Mengele medicando impunemente.

● Você sabe ler, não é? Também... Se não soubesse, o que estaria fazendo aí olhando estas letrinhas? Então, deve ler todos os dias no jornal aquele crítico metido a bacana insistente em enfiar na sua cabeça todas as baboseiras que pensa sobre idiotices. Ora, finja que não o conhece. Ele não passa de um hitlerzinho modernoso e, o pior, nem ganha tão bem pra tudo isso.

● Ditadores são extremamente narcisistas. Estampam seus rostos em papel-moeda, sorriem em imensos outdoors, mandam pintar enormes telas com seus retratos... Mas nada disso adianta. Eles continuam baixinhos, barrigudinhos, carecas e com um pauzinho desse tamanhinho.

● Seu ídolo musical – aquele que faz canções de paz e liberdade – costuma andar cercado de um forte esquema de segurança, com guardas impedindo o contato com os fãs, enquanto a estrela fica de longe, dando tchauzinho com cara de imbecil? Não se iluda. Não se trata de um astro e sim de um panaca metido a general da velha república.

● A mulher é chata pra cacete. Fala pelos cotovelos e, na maioria da vezes, é inconveniente. Mas basta cruzar as pernas pra você aceitar tudo feito um capacho. Cuidado! Talvez ela seja a temível ditadora da República Federativa das Coxas, que tem mantido por toda a história da humanidade o seu regime arbitrário através das pernas... E que pernas!

● Você pertence àquela religião, não me lembro o nome agora, com um papa polonês que condena o sexo, o rela-rela, a bolinação e o chupa-chupa antes do casamento, e o divórcio depois, não admitindo nem uma masturbaçãozinha de vez em quando? Pule fora já. Isso é um covil de leões. Ou Sua Santidade está precisando urgentemente dar uma trepadinha. Assim não há cristão que agüente.

ELUCUBRAÇÕES
EU SEREI UM BAILARINO MUNDIALMENTE FAMOSO... TODOS IRÃO ME APLAUDIR!!
...E A MAMÃE LHE COBRIRÁ DE BEIJOS!
...E O PAPAI DE PORRADAS!
OS NEGÓCIOS VÃO MAL... ESTOU À BEIRA DA FALÊNCIA!
ACHO QUE VOU ME SUICIDAR!
É MESMO?! NÃO ESQUEÇA DE ME CONVIDAR!
A PATROA TÁ LOUCA PRA SAIR!

ELUCUBRAÇÕES

ELUCUBRAÇÕES

ELUCUBRAÇÕES

ELUCUBRAÇÕES
EU SOU COOL.
EU NÃO! NO COOL DÓI!
VOCÊ É HILÁRIO!
HILÁRIO É A MÃE! MEU NOME É JOSÉ CARLOS.
Ó, GAROTA... QUE TAL IRMOS A UM MOTEL, HEIN?
EU TOPO!
ACHO MELHOR ALGUÉM CHAMAR A POLÍCIA!
ESSA MULHER É VIOLENTA!

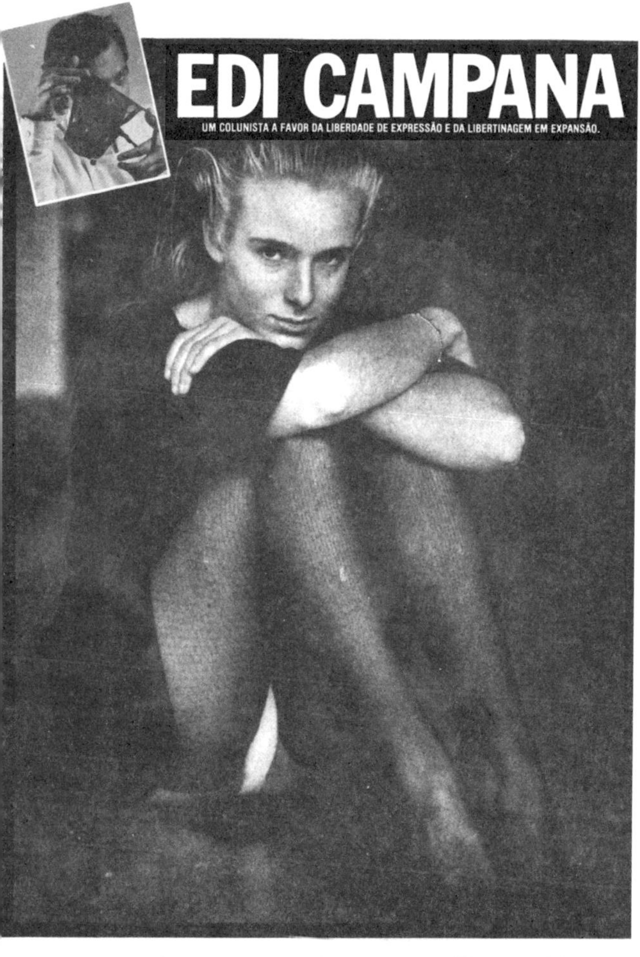

Um girassol em Berlim

Sentada no chão, bem no meio daquele imenso quarto, ela brotava do assoalho como um girassol.

Pernas dobradas, braços apoiados sobre os joelhos e um olhar profundo que me tornava altamente transparente. Minhas roupas, ela as guardou sob o travesseiro, deixando-me nu, sentado ao lado de uma janela.

O reflexo do neon do bar defronte ao hotel tingia o quarto ora de azul, ora de lilás e depois, por alguns segundos, permanecia todo amarelo como os cabelos dela, loiros, invadindo o negro de sua roupa. Uma leve meia de seda preta cobria sua pele germânica.

Um arrepio correu meu corpo com o piscar do neon. Pedi algo forte para beber e ela, sem se preocupar em ajeitar o vestido, levantou-se e caminhou até o criado-mudo, onde havia uma garrafa de conhaque, um copo e um cinzeiro sujo. Serviu uma pequena dose e veio em minha direção como uma exímia equilibrista, no alto dos finos saltos de seus sapatos. Parada diante de mim, o neon azul invadia metade de seu rosto. Esticou o braço com o copo na mão e foi vagarosamente derramando o conhaque sobre meu peito. O líquido escorreu entre meus pêlos, descendo pela barriga até entrar pelo meio de minhas pernas. Ela jogou os cabelos para trás e voltou a sentar no centro do quarto. Pernas dobradas, braços sobre os joelhos e o olhar profundo a me fitar.

Meias finas cobrindo as coxas, uma lingerie de cetim branco surgindo do meio de suas pernas, como um segundo sorriso. De onde eu estava podia imaginar seu perfume... O cheiro delicado do suor que o cetim guardava. Subi os olhos pelo seu corpo até perceber seu olhar seguindo todo o trajeto do conhaque sobre mim. Sorvia gota por gota. Meus nervos se contraíam a cada toque de seus olhos em minha pele.

Eu estava nervoso e com sede. Pedi-lhe água. Devagar, ela rodopiou o corpo no assoalho e, num lance só, ergueu-se indo até um pequeno cômodo conjugado ao quarto. Em segundos, voltou com uma jarra de água fresca. O suor da água embaçava o vidro e aumentava minha sede. No entanto, engoli seco. Ela colocou a jarra sobre o assoalho no centro do quarto e sentou-se ao lado, na mesma posição de antes, deixando suas coxas acelerarem meu coração.

A sede fez daquela jarra d'água algo tão atraente quanto o corpo dela. Sedento, tentei alcançar com a boca as gotas de conhaque pousadas entre meus pêlos do peito, mas faltava-me elasticidade. Meus músculos começavam a adormecer. Formigava da cabeça aos pés. Estávamos há horas na mesma posição. Então, num gesto lento e planejado ela esticou uma perna e começou a despir a meia negra. Meu coração batia freneticamente junto com o neon. Sua pele limpa e branca era desvendada pouco a pouco, revelando suas coxas cobertas de pêlos dourados. Primeiro uma perna, depois a outra. O mesmo ritual, executado na lentidão necessária, valorizava cada gesto seu. Com seu olhar pousado em mim, levou as mãos até os quadris e com os dedos foi puxando as tirinhas laterais de sua lingerie branca, jogando-a para fora do corpo. Num ato de desafio à minha sede e ao meu tesão, mergulhou sua pequena calcinha na água fresca da jarra. Meus dois desejos. Um mergulhando no outro. As meias no chão desalinhavam-se a cada toque do vento vindo da janela.

Com as pernas nuas, ergueu-se e, em poucos passos, alcançou sua capa de chuva preta no cabide da parede. Vestiu-a cobrindo seus cabelos amarelos e, como se incorporasse Humphrey Bogart, escondeu parte do rosto atrás da gola alta. Olhou para mim ali, nu, ao lado da janela iluminada pelas cores do neon. Abriu a porta e foi-se embora. Ainda pude ver pela fresta debaixo da porta a sombra de seus pés se afastando.

Permaneci horas sozinho naquele quarto que sem ela se tornara frio. Joguei meu olhar pelo assoalho até chegar à jarra com aquele pedaço de cetim branco embebido n'água fresca. Com o vento as meias de seda já haviam deslizado para outro canto do quarto e o cheiro do conhaque começava a arder minhas narinas. Tudo ficou amarelo e há alguns instantes estava lilás. Não pensei em me desvencilhar das fortes tiras de couro que me amarravam à cadeira. Apenas esperava pela sombra de seus pés reaparecer na fresta da porta daquele quarto, em pleno centro de Berlim. Cidade que também às vezes é azul e outras, lilás.

SE VOCÊS PENSAM QUE FAZER ARTE É CANTAR NO CHACRINHA, ESTÃO EQUIVOCADOS. CHICLETE COM BANANA CORTA A CABEÇA DO ESTABELECIDO E MOSTRA QUE ARTE TAMBÉM PODE SER TRANSGRESSÃO.

VAN-GUAR-DEI-ROS

A ARTE DOS ANOS 90

LIANE BLAUN

IRREQUIETA COREÓGRAFA. HÁ ANOS DESENVOLVE, COM SEU GRUPO DE DANÇA, UM TRABALHO QUE EXTRAI MOVIMENTOS DO ESTÁTICO. EM SEUS ESPETÁCULOS OS BAILARINOS FICAM HORAS PARADOS NA MESMA POSIÇÃO, APESAR DOS OVOS VINDOS DA PLATÉIA.

TEIXEIRAS EIRAS

CINEASTA DE VANGUARDA. JÁ REALIZOU TRÊS LONGAS-METRAGENS QUE PARA SEREM ENTENDIDOS TÊM QUE PROJETÁ-LOS DE TRÁS PRA FRENTE, UM EM SEGUIDA DO OUTRO. AUTOR TAMBÉM DE VÁRIOS CURTAS, UNS COM TRINTA CENTÍMETROS, OUTROS COM QUINZE, DEZ... E POR AÍ EM DIANTE.

HOLLY VETT

ESCRITOR DE FICÇÃO. DESCOBRIU A MANEIRA DE SÓ ESCREVER BEST-SELLERS, DANDO TÍTULOS COMO: *BEST-SELLERS TEXAS*, *BEST-SELLERS NOW* E, FINALMENTE O MAIS MODERNO, *BEST-SELLERS SKY*. MESMO ASSIM É UM FRACASSO EM VENDAGEM. NÃO PAGA NEM O ALUGUEL.

SEIK SPIR

DIRETOR E ATOR DE TEATRO DOS MAIS MODERNOS. NÃO DEIXA ESPAÇO PARA O TRADICIONALISMO NAS PEÇAS QUE DIRIGE, DISPENSANDO A UTILIZAÇÃO DO PALCO, DA ILUMINAÇÃO, DOS ATORES, DO SCRIPT E INCLUSIVE DO PÚBLICO. ALIÁS, ELE NEM SAI DE CASA. FICA LÁ TOMANDO UMAS BRAHMAS, COÇANDO O SACO... E O TEATRO QUE SE FODA.

TELL TILT

ARTISTA ULTRACONTEMPORÂNEO. UTILIZA EM SUAS PERFORMANCES CINCO TERMINAIS DE COMPUTADOR LIGADOS A DOIS SINTETIZADORES, ACOPLADOS A SETE MONITORES DE TV, NOVE LIQUIDIFICADORES, DUAS BRITADEIRAS QUE DESEMBOCAM NUM BIG DUM AUTORAMA OITO PISTAS. APESAR DESSE ARSENAL, SEU TRABALHO CONTINUA INÉDITO PORQUE, QUANDO LIGA ISSO TUDO NA TOMADA, SAI DE LADO QUE SEMPRE EXPLODE.

MAG MAGAL

POETISA PÓS-MODERNÉRRIMA. DESCOBRIU A FÓRMULA DE FAZER POESIA SEM O USO DA PALAVRA. NEM UMINHA. SEUS LIVROS, *NADA DE NADA* E *OCO*, TÊM GRANDE PENETRAÇÃO ENTRE A MODERNIDADE PAULISTANA. A CRÍTICA A ACUSA DE INCONSISTENTE, E OUTROS AFIRMAM QUE ESTÁ COM TUDO.

GIL PALETA

PINTOR TRANSVANGUARDÉRRIMO. INTERESSOU-SE PELAS ARTES PLÁSTICAS QUANDO UMA TIA, CANSADA DE VER O SOBRINHO BUNDANDO O TEMPO TODO, VIVENDO DA MESADA DA FAMÍLIA, DEU-LHE TINTAS, PINCÉIS E DISSE "VÊ SE FAZ ALGUMA MERDA NA VIDA". GIL, OBEDIENTE, PEGOU O PINCEL E PINTOU UMA MERDA QUALQUER. DAÍ TUDO MUDOU. HOJE É COTADÍSSIMO NO MERCADO DE ARTE, PINTANDO AS MESMAS MERDAS DE SEMPRE.

JAN LIP HARDY

MÚSICO QUE MISTURA STOCK HAUSEN COM STEINHEGER, FRANK ZAPPA COM JARARACA E RATINHO, STEVE REICH COM WILLIAN REICH, CHICLETE COM BANANA, ALHOS COM BUGALHOS... E OUTRAS MISTURAS NÃO MUITO AGRADÁVEIS DE FALARMOS AQUI.

LEON NEON

ESCULTOR. FICOU IMPOSSIBILITADO DE TRABALHAR HÁ ALGUNS ANOS QUANDO, AO TENTAR FAZER SUA PRIMEIRA ESCULTURA EM NEON, DEU MUITA ASA À SUA IMAGINAÇÃO E ACABOU PRESO EM SUA PRÓPRIA ARTE. HOJE PERAMBULA POR AÍ ACENDENDO E APAGANDO PELOS BARES. É CONHECIDO COMO ARTISTA DE UMA OBRA SÓ.

BIMBALHADAS

Acredito que você, caro leitor, ao se aproximar o Natal, sinta um apertinho no coração. Uma emoção incrível tomando conta de você, fazendo com que ainda tenha esperanças no ser humano. Sim, eu sei! Isso parece coisa de veado. Não ligue. É o espírito natalino!

O bimbalhar dos sinos, o clima de euforia, a mesa repleta, as luzinhas da árvore de Natal piscando, piscando para o futuro... Realmente é uma coisa linda!

Porém, nada se compara ao prazer de rever seus entes queridos e estar junto aos parentes mais próximos. É rico demais! Todos se encontrando numa felicidade só. A família reunida, pais, mães, avós, primos, tias, tios... Ah, os tios! Quando começam a beber não param mais. Um, mais engraçadinho, belisca uma sobrinha; as tias, na cozinha, falam igual gralhas; as crianças gritam histericamente ao redor dos velhos, que discutem artrites e escleroses.

Quando bate meia-noite, a alegria é geral. Sua mãe, num arroubo de paixão, sufoca-lhe com um abraço, ao mesmo tempo em que seu pai o saúda com três tapas nas costas, você engasga com um croquete e uma prima chata derrama

a champanhe de maçã em sua calça, que, diga-se de passagem, é horrível, mas você ganhou de uma tia e não teve jeito de não vesti-la. Sua mãe vem com um pano pra limpar a sujeira numa das mãos e com um pratinho de cuscuz, feito pela vizinha, na outra. Eu sei. Você odeia cuscuz... Ainda mais o da vizinha. Mas, neste caso, não dá pra recusar e quando pinta aquele enjoozinho de cuscuz de vizinha você corre até o banheiro, que geralmente está ocupado pela sua avó. Vige! Quando a velhota entra no banheiro... Deus me livre! Fica anos. Então o lance é se desfazer do cuscuz no fundo do quintal. No momento exato da operação, uma tia afoita vem correndo com uma colher de lentilha da sorte. Sabe como é... Quem não come a lentilha da sorte é um herege... A vergonha da família. Assim, você abre a boca, fecha os olhos e deixa entrar aquela gorda colherada. Sai cuscuz, entra lentilha.

Os homens, na sala, contam as mesmas piadas picantes dos anos anteriores. Um deles, o mais boca-suja, passa dos limites e esbarra no sexo explícito. O clima tenso predomina até você sacar um "jingobéu" para animar a situação. Sua mulher o cutuca e pede para ir embora. Sua mãe, percebendo, enfia uma coxa de frango na sua boca e afirma que ainda é cedo. Neste instante, a vovó abre o maior berreiro. O que ela tem? O que fizeram com ela? Alguém pisou no pé da pobre coitada. A prima chata diz que foi você. Você nega, é claro! Ela insiste na acusação. Então, de saco cheio, você atira uma tigela de gelatina na cara da imbecil.

As coisas só melhoram quando a campainha toca. Que maravilha! São os vizinhos trazendo um abraço. Nessas horas é um porre cumprimentar todo mundo. Mas você é educado e dá a mão a um por um. A vizinha, uma assanhadíssima dona de meia-idade, diz conhecê-lo desde pirralho e manda o filho, com cara de idiotinha, dar um beijo no titio. O garoto, com a boca cheia de maria-mole, tasca-lhe um beijo, deixando uma mistura de baba com resíduos de doce, bem no meio da sua bochecha, e, o pior, se limpar é falta de educação. Então, o negócio é ficar ali, dando um sorriso amarelo, com a cara toda babada.

Sua mulher já solta fogo pelo nariz. No momento em que ela dá mais um beliscão e o alerta que vai embora sozinha, caso você não tome uma decisão, aquela tia tagarela vem em sua direção como quem vai atacar e... Pimba! Atacou. Lá está você sentado no sofá, com uma baita tia no colo, pedindo insistentemente pra contar a todos aquela vez que você fez xixi na cama. Enquanto isso, ela abotoa sua camisa até o colarinho, arruma seu cabelo exatamente do jeito que você não gosta e, o mais incrível, tudo isso com um pratinho de bolo na mão balançando pra lá e pra cá.

Sua mulher, já na porta da saída, dá pulos de raiva. Você anuncia uma despedida e um sonoro coro diz: "Não!". Você resiste bravamente alegando que já está na hora. Então, sua mãe pula no seu pescoço pra um tchau sufocado e a tia tagarela, mais uma vez, senta no seu colo, o garotinho babão novamente borra sua cara, sua mulher belisca, a prima chata atira uma tigela de gelatina, a avó chora e você se arrasta, se arrasta, até que... Ufa! Consegue sair dali aos beijos e agarrões de seus entes queridos, reunidos em volta de uma só alegria. Todos cantando a felicidade desta festa onde a família unida renova suas esperanças.

Coro: "Bate o sino, pequenino, sino de Belém..."

ASSIM CAMINHA A HUMANIDADE
OU "AS HISTÓRIAS MAIS DARKS DO MUNDO"
HOJE SERÁ UMA NOITE DAQUE-LAS.
ESTOU TODO ANIMADÃO.
COM A CORDA TODA.
ENCONTRAREI O PESSOAL...
AS MES-MAS PESSOAS DE ONTEM E DE ANTES DE ONTEM.
FICAREI BEBENDO...
...ME DROGANDO.

LÁ PELAS TANTAS VAI PINTAR CARÊNCIA.
TENTAREI UM ROMANCE.
DIANTE DAS RECUSAS... PARTIREI PARA A IGNORÂNCIA.
DAREI VEXAMES.
VAI BEBER O QUÊ?
O DE SEMPRE!

EDI CAMPANA

AS MULHERES SEM ROSTO

Edi Campana realmente é um sujeito estranho. A cada número do Chiclete *nos proporciona uma surpresa. Na edição passada, esperávamos sua colaboração quando soubemos que havia voado para a França. Sacanagem! Chegamos até a descartá-lo do nosso quadro editorial, mas eis que chega às nossas mãos um envelope vindo de Paris. Remetente: o dito-cujo. Ao abrir, novamente tivemos uma surpresa. Pela primeira vez o velho Campana abandona as teclas de sua Olivetti e arrisca-se no traço. São desenhos de suas visões noturnas e esboços de musas de bêbados e de cães da noite. Publicamos aqui alguns desses desenhos, que compõem o livro* **As mulheres sem rosto**, *a ser editado brevemente.*
Edi Campana é foda!

–Alemãzinha de Berlim. Corpo de polaca e cabelo punk. Vive suas noites no **Café Fondary, no Boulevard de la Voltaire**. Despe-se entre as mesas e por apenas alguns francos dá carinhos aos fregueses já encharcados de vinho.

– Não tem um corpo bonito, mas dança todas as noites no **Le Cirque des Femmes, um Crazy Horse** de quinta categoria que não fecha nunca. Dona dos trejeitos mais suaves no palco. Depois, volta para casa na **Ille de Saint Louis,** e dorme com seu camundongo de estimação.

– Garçonete da boite **“Fumê d’Aimour”**. No final da noite, casa quase vazia, ela dança encantando os poucos bêbados que restam nas mesas. Não se sabe a cor de seus olhos. Dizem serem cinzas.

– **“La Blonde de Saint Germain”**. Transformou-se num folclore de Paris. Amiga dos vagabundos, caridosa com os bêbados e exigente com os clientes. Anda pela Rue **Des Quatre Filies**, com seus generosos seios à mostra. Recolhe-se somente depois do último suspiro dos boêmios.

– Madame Giraut. Dona do hoteleco em que estou hospedado. Nada nela me chama a atenção. Apenas me entusiasmava com a possibilidade de não pagar a conta.

– Da janela do meu quarto de hotel avisto luzes de Paris e a penumbra da janela defronte a minha. Uma mulher tipo **Coco Chanel** mal passada recebe todos os dias um senhor que apenas se deita para fumar e observar. Como eu.

VAMOS TROCAR OS PRESENTES?
ESTE É SEU, QUERIDA!
AH... MEU LINDO! AQUI ESTÁ O SEU!
HUM... PUXA, AMOR! ESTÁ PARECENDO QUE É UM MINI-COMPUTADOR!
HUM?
ACHO QUE É UM VIDEOCASSETE!
SÓ FALTA SER AQUELE CONJUNTO DE SOM!
SÓ FALTA!
NÃO ME DIGA QUE É UM SECADOR PORTÁTIL!
ISSO TÁ ME CHEIRANDO A UM TELESCÓPIO...
NÃO É, AMOR?
SE FOR AQUELE CASACO EU MORRO, BEM!

JÁ SAQUEI TUDO! É UM PAR DE SAPATOS ALEMÃO! SÓ É!
VOCÊ NÃO ME ENGANA... É UM RELÓGIO!
AH... JÁ SEI!! É UM... É UM...
VIGE! O MEU SÓ PODE SER...
CUECA!!
PANELA!!
BRUXA!
IM-BECIL!

ANGELI EM CRISE
DENTRO DE DOIS SEGUNDOS TODAS AS MULHERES DESTE BAR SENTARÃO NA MINHA MESA!
OU EU NÃO ME CHAMO...
...MICKEY MOUSE!

CHICLETE CIÊNCIA

VAMOS OUVIR OS OVNIS

O ser humano tem o costume de negar o que ele não vê. Tampa os olhos e ouvidos a tudo que não conhece. Talvez por isso, quando se fala em contatos com seres de outros planetas, os babacas logo torcem o nariz. Mas aqui no *Chiclete*, não! Estamos de portas abertas a todos os alienígenas. Tanto que em nossa redação é o maior entra-e-sai de homenzinhos verdes, mulherzinhas com sete pernas e sete coxas, o que para nós é o máximo. The best!

A vizinhança estranha, nossa secretária reclama da agitação na sala de espera e a moça do café diz que não sai do fogão. É bule atrás de bule. Foi então que faltando apenas três páginas para fechar esta edição nos veio a idéia de dar a voz a quem tem duas bocas, perguntando o que realmente vieram fazer na Terra. Assim, matamos três páginas e colocamos o pé rumo ao desconhecido!

SÓ ESTOU ATRÁS DE UNS DISCOS DO NELSON NED. ACHO O BAIXINHO DE FODER!
ME AMARRO EM MÚSICA ROMÂNTICA!
Nelson Ned

ESTOU NESTE PLANETA NUMA MISSÃO ESPECIAL!
VIM PARA VER DE PERTO AS...
...COXAS DA SÔNIA BRAGA!

CADÊ AS BUÇAS? EU TÔ A FIM DE BUÇA!

ME DISSERAM QUE AQUI É UMA PUTARIA!
ENTÃO... VIM VER SE DESCOLO UM BOFE NUMA SAUNA QUALQUER.

POR FAVOR, NADA DE PUBLICIDADE!! ELA É CASADA E O MARIDO É UMA FERA. SÓ ESTÁVAMOS DISCRETAMENTE À PROCURA DE MOTEL.
DESSE QUE TEM FILMINHO!

ESTOU PENSANDO EM ABRIR UMA CADEIA DE LANCHONETES POR AQUI!
VAI SE CHAMAR PATO DONALD'S!

ONDE É O BANHEIRO MAIS PRÓXIMO, PELO AMOR DE DEUS?!
ESTOU COM A BEXIGA ESTOURANDO.
VIEMOS PORQUE DISSERAM QUE AQUI O TRASEIRO DAS MULHERES É REDONDO.
DEVE SER UMA LOUCURA!
VIEMOS APENAS PRA CONHECER O NIEMEYER.
SOMOS FANZOCAS DELE.
ZZZZ!
ZAKZ!
BZZZ!
ZIZ!
PORRAZ!
TIZZ!

SEMPRE TIVE TRAUMA DE SEIO PEQUENO. AÍ... UMA AMIGA ME DEU O ENDEREÇO DO PITANGUY...
SABE COMO É?!
FIQUEI SABENDO QUE AQUI...
...É O MAIOR CABIDE DE EMPREGO.
QUERO VER SE DESCOLO...
...MAIS UMA BOQUINHA!
VIM DE BOBEIRA! MAS JÁ ESTOU INDO. ACHEI AQUI TUDO MUITO PORCO!
MAIOR SUJEIRA!

QUERIDA...TEM UMA COISA QUE PRECISO TE CONTAR!
CONTA, AMOR!
ONTEM ENCONTREI AQUELA SUA AMIGA NEIDE!
NUM DIGA!
NÓS FICAMOS CONVERSANDO DURANTE HORAS...BEBEMOS...
NÃO PODE SER!
DEPOIS FOMOS À CASA DELA... SABE... NÓS... NÓS...
VOCÊS TRANSARAM, NÃO É?

PINTOU UM LANCE TÃO FORTE QUE ATÉ RESOLVEMOS...
NÃO FALA!! NÃO FALA!!
...MORAR JUNTOS!
EU ME MATO! EU ME MATO!!
NÃO ME DIGA?! TUDO ISSO PORQUE PERDEU SEU MARI-DINHO?
NÃO!
PORQUE PERDI MINHA NEIDE!!
COF

DOWN!

AS COISAS ESTÃO MUITO CAIDAÇAS... CHATAS, SEM PERSPECTIVAS...
NÃO DÁ ÂNIMO NEM PRA SER PES-SIMISTA!

NÃO TÁ BOM, NÃO! ALIÁS, TÁ INDO DE MAL A PIOR! SÓ ESTE MÊS FATU-REI APENAS SETECENTOS E OITENTA E DOIS BILHÕES E QUINHENTOS MI-LHÕES DE DÓLARES, PORRA!
ASSIM NÃO DÁ! ASSIM NÃO DÁ!

A BARRA TÁ PESADA! POR ACASO VOCÊ TEM USADO CAMISINHA?
PRA FALAR A VER-DADE NÃO TENHO USADO NEM O PAU!
AFTER, LAERTE

DOWN!

AH, QUER SABER? CANSEI! NÃO LAVAREI MAIS LOUÇA, NÃO RECOLHEREI MAIS O LIXO, NÃO LAVAREI O VASO DO BANHEIRO, NÃO LIMPAREI MAIS BUNDA DE CRIANÇA...
QUE ESSA MERDA EXPLODA!
POR MIM... TÔ CAGANDO!
É! EU QUERO QUE SE FODA!
NÃO TENHO MAIS VONTADE DE ESPIAR MULHER PELA JANELA... NÃO TENHO MAIS ÂNIMO PRA ME MASTURBAR... SEXO, ENTÃO, COISA MAIS SEM GRAÇA!
OLHA, EU NÃO ENTENDO LHUFAS DE POLÍTICA, MAS ESSA SITUAÇÃO... SEI NÃO! MAS NA MINHA OPINIÃO DE LEIGO...
...A CULPA É TODA DO GOVERNO!

WELCOME
BIENVENIDO
BEM-VINDO

TIPINHUS BRASILIS

Vamos ser sinceros, só tem dado bundinha por aí. O mundo realmente acabou nas mãos dos babacas. Europa, União Soviética, América do Norte, do Sul... Eles dominam tudo. Mas, a verdade seja dita, em matéria de panacas o Brasil é uma nação privilegiadíssima...Tem bunda-mole saindo pelo ladrão. Alguns chegam à notoriedade, outros já nascem com ela, mas a maioria compra em dólar mesmo. São todos tipinhos raros, só encontrados por estas bandas onde, por incrível que pareça, o poder ainda usa bigode e jaquetão.

Político ingênuo

Ora, como se isso fosse possível! Se alguém entra pra política, é porque tem segundas intenções. No bom ou no mau sentido, tanto faz. Mas que tem, tem. Neste caso, a ingenuidade é dos eleitores, que gastam votos e mais votos em lobos vestidos de anjinhos barrocos.

Colunismo social de vanguarda

Alívio geral. Nunca mais teremos que abrir o jornal e deparar com aquelas fotos de milionários e suas mulheres, abarrotadas de jóias, sorrindo feito idiotas; e nem leremos aquelas noticinhas de quem vai ou de quem vem da Europa que, na verdade, não interessa a ninguém a não ser a quem veio ou a quem foi. Definitivamente o velho colunismo social está morto. Surge agora o *new* colunismo. Tudo é *clean*, minimalista, *avant-gard*... Tudo é moderno. Tanto que, ao invés de publicarem as fotos de velhos milionários em poses ridículas, estampam flagrantes dos filhos destes milionários. Só a pose ridícula continua a mesma...

Socialite inteligente

Leu *As brumas de Avalon* e *Rumo à estação Finlândia*, pronto, já é uma intelectual. Fez umas ceramiquinhas no fundo de casa, é artista; pintou umas duas ou três camisetinhas, é ovacionada como uma grande estilista. "Ela pensa, gente!", dizem os colunistas. Obrigado por avisarem, caso contrário, ninguém acreditaria.

Censor liberal
Segundo alguns artistas, eles existem. Mesmo assim, não se sabe exatamente do que se trata. Censor liberal!? Será aquele que libera o púbis e enclausura o falo? Ou será que veta a merda e deixa passar as bostas? Sabe-se lá! A verdade é que, se o cara é censor, logo não é liberal. Senão, não aceitaria um empreguinho filho-da-puta desse.

Neurótico de guerra
A última guerra que o Brasil protagonizou foi a do Paraguai, que, diga-se de passagem, é um exemplo meio ridículo. Mesmo assim, tem muito neguinho do mundo artístico que ostenta olhares traumáticos, típicos de quem presenciou chacinas mils, e tiques nervosos de vítimas de ataques aéreos... Perfeita bomba atômica ambulante. “Estamos em sintonia com o nosso tempo”, afirmam eles. Só se forem tempos de Segunda Guerra Mundial porque a terceira, rapazes, quando pintar, não vai dar tempo nem de fazer gênero.

EDI CAMPANA

ALFABETO DE UM ANALFA

Cinco da tarde. O sol abandona os telhados parisienses. Ainda permaneço de roupão sem escovar os dentes, e apenas os enxagüei com uma dose de conhaque vagabundo, enquanto acompanhava pela janela do hotel o caminhar, na Rue Montgallet, de dois símbolos da solidão deste país: as velhinhas e seus cachorrinhos de estimação. Chacoalho o conhaque na boca e fico incomodado com a obrigação de escrever para essa revistinha idiota. O que fazer? São essas pequenas colaborações que sustentam meu conhaque e as diárias deste hotel fedorento. Tomo mais uma dose e esmurro as teclas da máquina. ***(E. C.)***

A Me faz lembrar Aniz, uma garota de dezessete anos que conheci perambulando pelas calçadas de Amsterdã. Corpo fino, pés elegantes e pernas longas sustentando ancas prepotentes. Ela as assentava, uma de cada vez, sobre a banqueta do balcão do Bar Wanriz. Eu comprava uma pedra de haxi na loja ao lado e, entre fumaças, passava o resto da tarde admirando o seu vaivém. Tanto na calçada quanto na banqueta.

B Pode ser batom, bochecha e até bunda. Se bem que, tendo oportunidade, o ideal é misturar tudo. Bunda e bochechas borradas de batom.

C Cotonete. Lembro de uma dona que havia no meu bairro de infância. A rainha da molecada. Rebolava pra todos. Por cima do muro de seu quintal eu conseguia flagrá-la na janela, após o banho, enxugando covinhas e orifícios, com um pequeno cotonete. Foi a primeira vez que tomei conhecimento da existência de cotonetes e também de orifícios.

D Dor não é uma boa mas, às vezes, cai bem. Depende da dor e de quem a causa.

E Espreita, ébrio, encurralado, engove, é claro, esmalte vermelho. A cor das prostitutas.

F Letra de fã, de fetiche e de tudo que seja fálico.

G G de goela seca. Depois de cada sessão de fetiche, tenho a impressão de estar mais seco. A saliva vai abandonando meu corpo pouco a pouco. Para compensar, me encharco de conhaque. Alivio a goela, mas fodo com o fígado.

H Hóstia. Nunca tive afinidades com esse tipo de coisa mas ainda me lembro da última vez que coloquei uma na boca. Depois de seguir uma mulher por quase toda Paris, arrisquei uma aproximação na hora em que ela se ajoelhou num altar da Notre Dame para comungar. Eu, rapidinho, ajoelhei ao lado e só me dei conta do que estava acontecendo quando o padre enfiou a hóstia na minha boca.

I de idiotas e imbecis. Eles estão por toda parte. Paris está abarrotada deles. A maioria brasileiros.

Jujubas. Quando garoto, dava dinheiro para minha prima cobrir seu corpo com balas jujubas. Depois, pagava novamente para que eu as tirasse com a língua, uma a uma. A partir daí me tornei um pervertido e minha prima, milionária.

K de Kaprinsky, a Valèrie. Uma atriz mais ou menos, que só faz filmes mais ou menos, mas, pra compensar, tem lábios e seios talentosíssimos. Dignos de Oscar.

L lembra lingerie, lábios, língua e latrina, onde, pela manhã, despejo tudo aquilo que bebi durante a noite.

Madonna. Exatamente! Refiro-me àquela loira falsa e fútil. Depois que adotou um visual sadomasô, me tornei menos crítico em relação a seus dotes musicais. A arte que se foda.

Nádegas, ninfetas e Natássia, a Kinsky. Nada mais.

Não passo de um obstinado observador. Vouyerismo desenfreado. Será doença? Vício solitário? Não! Não me refiro ao onanismo. Isso é coisa de adolescente. Eu tiro prazer é do olhar.

P de peça íntima. Calcinhas, camisolas, saiotes, anáguas, corpetes, cintas-ligas, meias de seda e por aí vai, ou melhor... Por aí vou.

Quadril magro ou largo, cheio ou estreito, avantajado ou tímido... Tanto faz, o importante é o rebolado.

Rastejar até a presa sem ser notado é um dom que só os felinos têm. Mesmo assim, às vezes, me aventuro pelo reino animal quando vou beber no Café Grenelle, em Saint German, lugar frequentado por estudantes de artes. As moças, nas mesas, ficam a rabiscar em seus blocos de desenho a velha arquitetura dos cafés parisienses. Eu, lentamente, vou rastejando por debaixo das cadeiras, passando entre as pernas dos fregueses, até chegar à mesa mais bem servida. Peço um conhaque duplo e fico ali, admirando o "novo" enquanto elas esboçam o antigo.

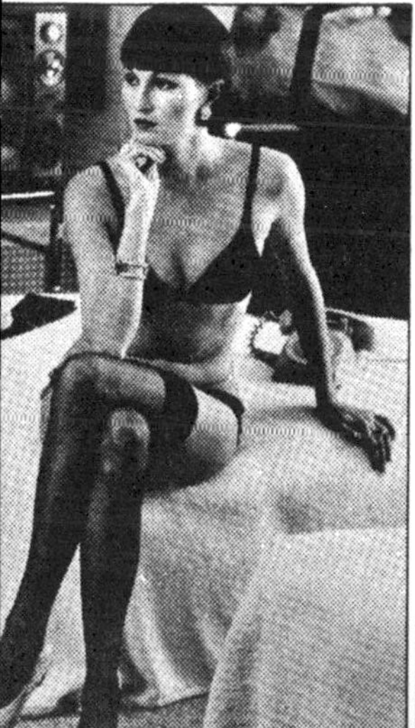

Saliências femininas. Seios, bicos, bundas, clitóris (acho este nome horrível), narizes e até barriguinhas, para não perder meu lado renascentista. Na infância, enquanto a molecada se masturbava para os catecismos do Carlos Zéfiro, eu me desaguava com as mulheres pintadas por Rafael.

Tato. Nada melhor que tatear todas as saliências citadas acima.

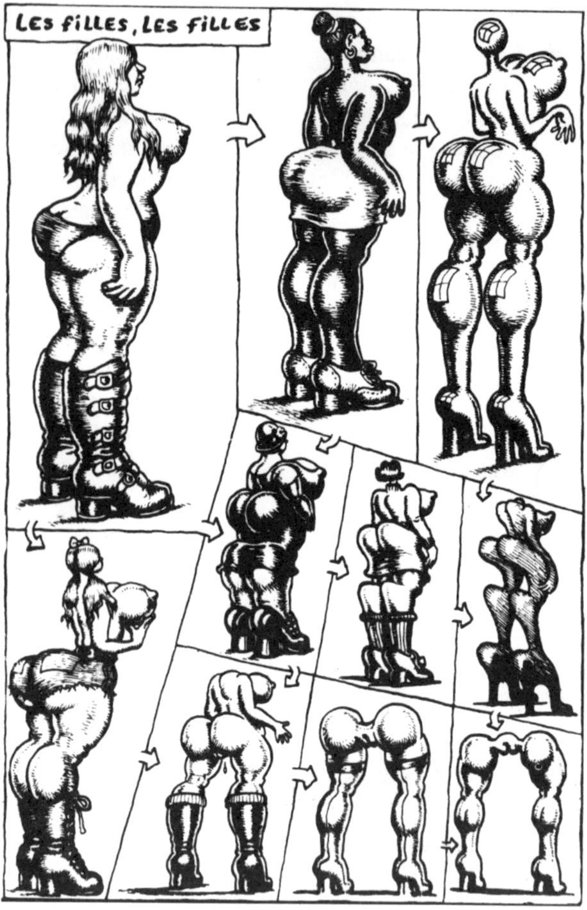

Seios, bundas, barrigas e pernas.
As mulheres de Robert Crumb.

U Umbigo. Todo mundo tem, mas nem todos merecem respeito. Os masculinos, por exemplo, quando não se escondem entre as banhas de enormes barrigas, ofuscam-se entre um monte de pêlos. Parecem ostras.

V Vermute. Era o que madame Giraut, dona da Pensão de Ville, bebia antes de fazer sua costumeira strip-tease. Pausadamente, ela ia tirando suas roupas; primeiro uma peça, depois outra, até ficar nuinha em pelo. Só então derrubava o cálice de vermute sobre os seios, deixando escorrer até o ventre. Eu, afundado em sua cama, apenas assistia ao espetáculo, lambendo as gotas com a imaginação. A cena era de alto teor erótico e alcoólico. Pena que madame Giraut era feia pra cacete. Até doía.

W Werner Fassbinder provou que bom cinema é feito por *vouyeurs*, e Wendy, a deliciosa guitarrista da banda Revolution, que até há pouco tempo acompanhava o afetado Prince.

X Xerox. É isso que jornalistinhas de vanguarda (?) brasileiros fazem. Gastam tubos e mais tubos de dinheiro comprando publicações européias, para depois copiarem tudo em revistas que não valem nem um centavo. Que pobreza.

Y Letra inútil no alfabeto brasileiro. No entanto, lembra a região pubiana da mulher.

Z Z de zonzo. É como me sinto depois de escrever tantas futilidades. O que a gente não faz por uns trocados.

MAS TU ÉS RIDÍCULO, ADERBAL.
ISSO É CARA QUE SE APRESENTE?
NÃO TEM PINTA DE PÓS-MODERNO...
...NÃO É BOLERÃO, NÃO TCHUNS NEM SAI DE CIMA...
...NÃO É NADA.
NÃO DESPERTA PAIXÕES... NÃO SABE DAS COISAS...
NUNCA FOI UM BRUTA HOMEM. O RAMBÃO DAS MULHERES.
MUITO MENOS SENSÍVEL, INTELIGENTE... DELICADO...
SABE O QUE VOCÊ É, ADERBAL? UM TREMENDO BABACÃO!
É ISSO! UM BABACÃO!

TENHA VERGONHA NA CARA E TOME UMA ATITUDE.
ROMPA COM OS MEDÍO-CRES.
BRIGUE COM A FAMÍLIA... ESMURRE SEU PATRÃO.
FAÇA ALGUMA COISA NA VIDA.
SENÃO, CONTI-NUARÁ SENDO O MESMO BANANA DE SEMPRE...
O MESMO IMBECIL!
ADERBAL!
O QUE VOCÊ FAZ NO BANHEIRO QUE RESMUNGA TANTO?
ESPREMENDO ESPINHAS, ORAS!

FORMEI UMA BANDA COM O FILHO DO VICE-GOVERNADOR NO BAIXO, O FILHO DO SENADOR NA BATERA, O FILHO DO DEPUTADO NO VOCAL E...
...E O NEQUINHO?
MANDAMOS ELE EMBORA!
POR QUÊ?
PORQUE ELE É UM FILHO-DA-PUTA!
ANGELI

RIBAMAR

AS MIL E UMA UTILIDADES DE UM PRESIDENTE

Puxa, gente, o Brasil tem solução! Ainda há chance de transformarmos esta terra tão confusa numa nação inteligente e bem planejada. Mas para isso, teremos que repensar o Brasil, remexer as estruturas. Nessa enorme máquina mal administrada, existe gente com grande potencial ocupando cargos inócuos, enquanto poderiam estar prestando relevantes serviços à sociedade e, aí sim, fazendo tudo pelo social. O Ribamar, por exemplo, tão valoroso maranhense, poderia estar sendo melhor utilizado pela comunidade. Como a *Chictete com Banana* não é do tipo de revista que critica e não propõe soluções, apontamos algumas das mil e uma utilidades que o Sarney poderia ter se não estivesse apenas esquentando o troninho lá no Palácio da Alvorada.

ANGELI

APOIO PARA LIVROS

Se você não agüenta mais aqueles dois elefantinhos ridículos e fora de moda apoiando os livros na sua estante, não pense duas vezes, substitua-os por dois modernos Sarneyzinhos, dando um algo mais à sua decoração. O par poderá ser formado com o Sarney Filho, que se parece demais com o pai, não só fisicamente como também mentalmente.

SALIVADOR DE SELOS

Tem gente que gosta de fumar um baseadinho de vez em quando e, na hora de selar uma carta ou fechar um envelope, se vê sem uma gota de saliva. Tendo um Sarneyzinho ao seu alcance, seu problema estará resolvido. Com um simples apertãozinho na barriga, ele põe a língua pra fora e, assim, você poderá lambuzar o seu selo à vontade.

PESO PARA PAPEL

Se você chegou à triste conclusão de que nem tudo o que é bom para o Maranhão é bom para o Brasil, e que o Ribamar na presidência é um tremendo peso para nós, brasileiros, a solução é simples: basta tirar o Sarney do Palácio da Alvorada e colocá-lo sobre um monte de papel. Assim, você poderá usá-lo como um sugestivo peso para papéis na sua mesa de trabalho. Ótima dica para jornalistas, publicitários e escritores baianos.

PORTA-LÁPIS

Para os que gostam de recuperar velhos objetos e transformá-los em algo criativo para a casa, temos aqui uma grande dica. Pegue aquele Ribamar velho que você não usa mais, remende seu jaquetão, penteie seu mustachão e cole seus pezinhos num pequeno suporte de madeira. Pronto! Você tem em mãos um excelente porta-lápis. Muito útil para jornalistas, publicitários e escritores baianos.

MARCADOR DE PÁGINA

Não acontece só uma ou duas vezes. Toda hora, você perde a página que está lendo. Depois, toca folhear tudo novamente, em busca da página perdida. Ora, sejamos práticos. Já que o velho Ribamar curte tanto uma literaturazinha, por que não unir o útil ao agradável e transformá-lo num excelente marcador de páginas, próprio para leitores de jornalistas, publicitários e escritores baianos?

PINGÜIM DE GELADEIRA

Eis aqui uma sugestão irresistível. Quem, em sã consciência, não gostaria de ter um Ribamarzinho em cima de sua geladeira? Ainda mais agora que o kitsch ganhou espaço entre os chics. Nada mais moderno.

CABELEIREIRO DE MACACO

Quantas vezes você sentiu uma imensa vontade de mandar o Sarney pentear macaco? Já perdeu a conta, não é? Pois então, eis a chance de realizar o seu sonho e aproveitar pra dar um trato no seu animalzinho de estimação, matando assim dois macacos com uma só cajadada.

ENCHEDOR DE LINGÜIÇA

Na verdade, desde que o Sarney começou a galgar os primeiros degraus da vida pública, lá no distante Maranhão, ele não tem feito outra coisa senão encher lingüiça. Mas, neste caso, a proposta é que, depois de cheias, as lingüiças venham para os nossos pratos.

LAMBEDOR DE SABÃO

Pode não ser uma dica de muita utilidade, mas a vida também precisa de seus momentos de descontração. Pense o quanto seria prazeroso sua família, reunida na sala, assistindo ao Sarney lamber sabão. É muito mais divertido que videogame.

CATADOR DE PIOLHO

Ótima sugestão para os carecas que, de tão atarefados com os compromissos da vida moderna, acabam esquecendo de escovar os dentes, limpar os ouvidos e principalmente dar aquele trato na lustrosa. Com um Sarneyzinho sempre à mão, você poderá continuar com seus afazeres, enquanto o Ribamar resolve estes pequenos detalhes, deixando sua careca um brinco. Muito útil para jornalistas, publicitários e escritores baianos.

QUE COISA RIDÍCULA É ESSA, ALFREDO?
ESTOU TENTANDO ENTENDER O MUNDO.
MAS QUE POSIÇÃO?!
ME DISSERAM QUE A VIDA ERA UMA MERDA...
MERDA?..
SIM! ACHEI QUE DEVERIA IR AO PRINCÍPIO DE TUDO.
PRA QUÊ?
ORA! PRA DESCOBRIR O SENTIDO DESSA MERDA TODA.

O HOMEM É AQUILO QUE ELE PRODUZ!
É A SUJEIRA QUE FAZ.
MEU DEUS! O ALFREDO PIROU!
O MEIO FAZ O HOMEM.
E O MEIO DO HOMEM FAZ ES-SA BOSTA TODA.
TUDO ESTÁ PERDIDO.
O QUE SERÁ DA FAMÍLIA?
MÃE!? O QUE VOCÊ ESTÁ FAZENDO?
TENTANDO ENTENDER O MUNDO.
ANGELI

TEM ANDADO PREOCUPADO, EXCELÊNCIA!?
CLARO! ESTOU FODENDO COM O POVO BRASILEIRO TODOS OS DIAS!
BOBAGEM! É SÓ USAR CAMISINHA QUE PODE FODER À VONTADE!

ANGELI EM CRISE

AQUI ESTÁ O CEBOLA, MEU AMIGO DESDE A INFÂNCIA. PRA DIZER QUEM SOU EU!
SEU MERDA! VOCÊ DORMIU COM A MINHA MULHER, ME CHUTOU 50 PAUS NUMA TRANSA E NÃO DEVOLVEU UM DISCO DO THE SHADOWS QUE EU TE EMPRESTEI!
MEU DEUS, CEBOLA! O QUE A BEBIDA FEZ COM VOCÊ!
TAP TAP TAP
AH... MULHERES...
EU SEMPRE ME DEI MUITO BEM COM AS MULHERES!
POW
ELAS É QUE NUNCA SE DERAM MUITO BEM COMIGO!

Leia também a série

HUMOR & QUADRINHOS

As mil e uma noites – Paulo Caruso
Aline e seus dois namorados (1) – Adão Iturrusgarai
Aline: TPM – tensão pré-monstrual (2) – Adão Iturrusgarai
Conhece o Mário? – Santiago
A dupla sertanojo – Santiago
E agora são cinzas – Angeli
É grave, doutor? – Nani
Fagundes: um puxa-saco de mão cheia – Laerte
Foi bom pra você? – Nani
Humor politicamente incorreto – Nani
Garfield em grande forma (1) – Jim Davis
Garfield está de dieta (2) – Jim Davis
Garfield um gato de peso (3) – Jim Davis
Garfield numa boa (4) – Jim Davis
Garfield – toneladas de diversão (5) – Jim Davis
Garfield – de bom humor (6) – Jim Davis
Garfield – um gato de charme (7) – Jim Davis
Geraldão 1: Edipão, surfistão, gravidão – Glauco
O melhor de Hagar, o horrível 1 – Dik Browne
O melhor de Hagar, o horrível 2 – Dik Browne
O melhor de Hagar, o horrível 3 – Dik Browne
O melhor de Hagar, o horrível 4 – Dik Browne
Orai pornô – Nani
Pagando o pato – Ciça
Piadas para sempre (Livro 1) – Visconde da Casa Verde
Piadas para sempre (Livro 2) – Visconde da Casa Verde
Piratas do Tietê 1: a escória em quadrinhos – Laerte
Piratas do Tietê 2: histórias de pavio curto – Laerte
Radicci 1 – Iotti
Radicci 2 – Iotti
Radicci 3 – Iotti
Radicci 4 – Iotti
Radicci 5 – Iotti
Rango – Edgar Vasques
Os broncos também amam – Angeli
O melhor do Recruta Zero 1 – Mort Walker
O melhor do Recruta Zero 2 – Mort Walker
Rê Bordosa: do começo ao fim – Angeli
Striptiras: gato & gata – Laerte
Snoopy e sua turma (1) – Schulz
Snoopy em Feliz Dia dos Namorados (2) – Schulz
Walter Ego – Angeli

Coleção **L&PM** POCKET (LANÇAMENTOS MAIS RECENTES)

53.**Intervalo amoroso** – A.Romano de Sant'Anna
54.**Memorial de Aires** – Machado de Assis
55.**Naufrágios e comentários** – Cabeza de Vaca
56.**Ubirajara** – José de Alencar
57.**Textos anarquistas** – Bakunin
58.**O pirotécnico Zacarias** – Murilo Rubião
59.**Amor de salvação** – Camilo Castelo Branco
60.**O gaúcho** – José de Alencar
61.**O livro das maravilhas** – Marco Polo
62.**Inocência** – Visconde de Taunay
63.**Helena** – Machado de Assis
64.**Uma estação de amor** – Horácio Quiroga
65.**Poesia reunida** – Martha Medeiros
66.**Memórias de Sherlock Holmes** – Conan Doyle
67.**A vida de Mozart** – Stendhal
68.**O primeiro terço** – Neal Cassady
69.**O mandarim** – Eça de Queiroz
70.**Um espinho de marfim** – Marina Colasanti
71.**A ilustre Casa de Ramires** – Eça de Queiroz
72.**Lucíola** – José de Alencar
73.**Antígona** – Sófocles – trad. Donaldo Schüler
74.**Otelo** – William Shakespeare
75.**Antologia** – Gregório de Matos
76.**A liberdade de imprensa** – Karl Marx
77.**Casa de pensão** – Aluísio Azevedo
78.**São Manuel Bueno, Mártir** – Unamuno
79.**Primaveras** – Casimiro de Abreu
80.**O noviço** – Martins Pena
81.**O sertanejo** – José de Alencar
82.**Eurico, o presbítero** – Alexandre Herculano
83.**O signo dos quatro** – Conan Doyle
84.**Sete anos no Tibet** – Heinrich Harrer
85.**Vagamundo** – Eduardo Galeano
86.**De repente acidentes** – Carl Solomon
87.**As minas de Salomão** – Rider Haggar
88.**Uivo** – Allen Ginsberg
89.**A ciclista solitária** – Conan Doyle
90.**Os seis bustos de Napoleão** – Conan Doyle
91.**Cortejo do divino** – Nelida Piñon
92.**Cassino Royale** – Ian Fleming
93.**Viva e deixe morrer** – Ian Fleming
94.**Os crimes do amor** – Marquês de Sade
95.**Besame Mucho** – Mário Prata
96.**Tuareg** – Alberto Vázquez-Figueroa
97.**O longo adeus** – Raymond Chandler
98.**Os diamantes são eternos** – Ian Fleming
99.**Notas de um velho safado** – C. Bukowski
00.**111 ais** – Dalton Trevisan
01.**O nariz** – Nicolai Gogol
02.**O capote** – Nicolai Gogol
03.**Macbeth** – William Shakespeare
04.**Heráclito** – Donaldo Schüler
05.**Você deve desistir, Osvaldo** – Cyro Martins
06.**Memórias de Garibaldi** – A. Dumas
07.**A arte da guerra** – Sun Tzu
08.**Fragmentos** – Caio Fernando Abreu
09.**Festa no castelo** – Moacyr Scliar
10.**O grande deflorador** – Dalton Trevisan
11.**Corto Maltese na Etiópia** – Hugo Pratt
212.**Homem do príncipio ao fim** – Millôr Fernandes
213.**Aline e seus dois namorados** – A. Iturrusgarai
214.**A juba do leão** – Sir Arthur Conan Doyle
215.**Assassino metido a esperto** – R. Chandler
216.**Confissões de um comedor de ópio** – T.De Quincey
217.**Os sofrimentos do jovem Werther** – Goethe
218.**Fedra** – Racine / Trad. Millôr Fernandes
219.**O vampiro de Sussex** – Conan Doyle
220.**Sonho de uma noite de verão** – Shakespeare
221.**Dias e noites de amor e de guerra** – Galeano
222.**O Profeta** – Khalil Gibran
223.**Flávia, cabeça, tronco e membros** – M. Fernandes
224.**Guia da ópera** – Jeanne Suhamy
225.**Macário** – Álvares de Azevedo
226.**Etiqueta na prática** – Celia Ribeiro
227.**Manifesto do partido comunista** – Marx & Engels
228.**Poemas** – Millôr Fernandes
229.**Um inimigo do povo** – Henrik Ibsen
230.**O paraíso destruído** – Frei B. de las Casas
231.**O gato no escuro** – Josué Guimarães
232.**O mágico de Oz** – L. Frank Baum
233.**Armas no Cyrano's** – Raymond Chandler
234.**Max e os felinos** – Moacyr Scliar
235.**Nos céus de Paris** – Alcy Cheuiche
236.**Os bandoleiros** – Schiller
237.**A primeira coisa que eu botei na boca** – Deonísio da Silva
238.**As aventuras de Simbad, o marújo**
239.**O retrato de Dorian Gray** – Oscar Wilde
240.**A carteira de meu tio** – J. Manuel de Macedo
241.**A luneta mágica** – J. Manuel de Macedo
242.**A metamorfose** – Kafka
243.**A flecha de ouro** – Joseph Conrad
244.**A ilha do tesouro** – R. L. Stevenson
245.**Marx - Vida & Obra** – José A. Giannotti
246.**Gênesis**
247.**Unidos para sempre** – Ruth Rendell
248.**A arte de amar** – Ovídio
249.**O sono eterno** – Raymond Chandler
250.**Novas receitas do Anonymus Gourmet** – J.A.P.M.
251.**A nova catacumba** – Arthur Conan Doyle
252.**O dr. Negro** – Arthur Conan Doyle
253.**Os voluntários** – Moacyr Scliar
254.**A bela adormecida** – Irmãos Grimm
255.**O príncipe sapo** – Irmãos Grimm
256.**Confissões e Memórias** – H. Heine
257.**Viva o Alegrete** – Sergio Faraco
258.**Vou estar esperando** – R. Chandler
259.**A senhora Beate e seu filho** – Schnitzler
260.**O ovo apunhalado** – Caio Fernando Abreu
261.**O ciclo das águas** – Moacyr Scliar
262.**Millôr Definitivo** – Millôr Fernandes
264.**Viagem ao centro da Terra** – Júlio Verne
265.**A dama do lago** – Raymond Chandler
266.**Caninos brancos** – Jack London
267.**O médico e o monstro** – R. L. Stevenson
268.**A tempestade** – William Shakespeare
269.**Assassinatos na rua Morgue** – E. Allan Poe
270.**99 corruíras nanicas** – Dalton Trevisan

271.**Broquéis** – Cruz e Sousa
272.**Mês de cães danados** – Moacyr Scliar
273.**Anarquistas – vol. 1 – A idéia** – G. Woodcock
274.**Anarquistas – vol. 2 – O movimento** – G.Woodcock
275.**Pai e filho, filho e pai** – Moacyr Scliar
276.**As aventuras de Tom Sawyer** – Mark Twain
277.**Muito barulho por nada** – W. Shakespeare
278.**Elogio à loucura** – Erasmo
279.**Autobiografia de Alice B. Toklas** – G. Stein
280.**O chamado da floresta** – J. London
281.**Uma agulha para o diabo** – Ruth Rendell
282.**Verdes vales do fim do mundo** – A. Bivar
283.**Ovelhas negras** – Caio Fernando Abreu
284.**O fantasma de Canterville** – O. Wilde
285.**Receitas de Yayá Ribeiro** – Celia Ribeiro
286.**A galinha degolada** – H. Quiroga
287.**O último adeus de Sherlock Holmes** – A. Conan Doyle
288.**A. Gourmet *em* Histórias de cama & mesa** – J. A. Pinheiro Machado
289.**Topless** – Martha Medeiros
290.**Mais receitas do Anonymus Gourmet** – J. A. Pinheiro Machado
291.**Origens do discurso democrático** – D. Schüler
292.**Humor politicamente incorreto** – Nani
293.**O teatro do bem e do mal** – E. Galeano
294.**Garibaldi & Manoela** – J. Guimarães
295.**10 dias que abalaram o mundo** – John Reed
296.**Numa fria** – Charles Bukowski
297.**Poesia de Florbela Espanca** vol. 1
298.**Poesia de Florbela Espanca** vol. 2
299.**Escreva certo** – É. Oliveira e M. E. Bernd
300.**O vermelho e o negro** – Stendhal
301.**Ecce homo** – Friedrich Nietzsche
302.**Comer bem, sem culpa** – Dr. Fernando Lucchese, A. Gourmet e Iotti
303.**O livro de Cesário Verde** – Cesário Verde
304.**O reino das cebolas** – C. Moscovich
305.**100 receitas de macarrão** – S. Lancellotti
306.**160 receitas de molhos** – S. Lancellotti
307.**100 receitas light** – H. e Â. Tonetto
308.**100 receitas de sobremesas** – Celia Ribeiro
309.**Mais de 100 dicas de churrasco** – Leon Diziekaniak
310.**100 receitas de acompanhamentos** – C. Cabeda
311.**Honra ou vendetta** – S. Lancellotti
312.**A alma do homem sob o socialismo** – Oscar Wilde
313.**Tudo sobre Yôga** – Mestre De Rose
314.**Os varões assinalados** – Tabajara Ruas
315.**Édipo em Colono** – Sófocles
316.**Lisístrata** – Aristófanes / trad. Millôr
317.**Sonhos de Bunker Hill** – John Fante
318.**Os deuses de Raquel** – Moacyr Scliar
319.**O colosso de Marússia** – Henry Miller
320.**As eruditas** – Molière / trad. Millôr
321.**Radicci 1** – Iotti
322.**Os Sete contra Tebas** – Ésquilo
323.**Brasil Terra à vista** – Eduardo Bueno
324.**Radicci 2** – Iotti
325.**Júlio César** – William Shakespeare
326.**A carta de Pero Vaz de Caminha**
327.**Cozinha Clássica** – Sílvio Lancellotti
328.**Madame Bovary** – Gustave Flaubert
329.**Dicionário do viajante insólito** – M. Scliar
330.**O capitão saiu para o almoço...** – Bukowski
331.**A carta roubada** – Edgar Allan Poe
332.**É tarde para saber** – Josué Guimarães
333.**O livro de bolso da Astrologia** – Maggy Harrisonx e Mellina Li
334.**1933 foi um ano ruim** – John Fante
335.**100 receitas de arroz** – Aninha Comas
336.**Guia prático do Português correto – vol. 1** – Cláudio Moreno
337.**Bartleby, o escriturário** – H. Melville
338.**Enterrem meu coração na curva do rio** – Dee Brown
339.**Um conto de Natal** – Charles Dickens
340.**Cozinha sem segredos** – J. A. P. Machado
341.**A dama das Camélias** – A. Dumas Filho
342.**Alimentação saudável** – H. e Â. Tonetto
343.**Continhos galantes** – Dalton Trevisan
344.**A Divina Comédia** – Dante Alighieri
345.**A Dupla Sertanojo** – Santiago
346.**Cavalos do amanhecer** – Mario Arregui
347.**Biografia de Vincent van Gogh por sua cunhada** – Jo van Gogh-Bonger
348.**Radicci 3** – Iotti
349.**Nada de novo no front** – E. M. Remarque
350.**A hora dos assassinos** – Henry Miller
351.**Flush - Memórias de um cão** – Virginia Woolf
352.**A guerra no Bom Fim** – M. Scliar
353(1).**O caso Saint-Fiacre** – Simenon
354(2).**Morte na alta sociedade** – Simenon
355(3).**O cão amarelo** – Simenon
356(4).**Maigret e o homem do banco** – Simenon
357.**As uvas e o vento** – Pablo Neruda
358.**On the road** – Jack Kerouac
359.**O coração amarelo** – Pablo Neruda
360.**Livro das perguntas** – Pablo Neruda
361.**Noite de Reis** – William Shakespeare
362.**Manual de Ecologia** – vol.1 – J. Lutzenberger
363.**O mais longo dos dias** – Cornelius Ryan
364.**Foi bom prá você?** – Nani
365.**Crepusculário** – Pablo Neruda
366.**A comédia dos erros** – Shakespeare
367(5).**A primeira investigação de Maigret** – Simenon
368(6).**As férias de Maigret** – Simenon
369.**Mate-me por favor (vol.1)** – L. McNeil
370.**Mate-me por favor (vol.2)** – L. McNeil
371.**Carta ao pai** – Kafka
372.**Os vagabundos iluminados** – J. Kerouac
373(7).**O enforcado** – Simenon
374(8).**A fúria de Maigret** – Simenon
375.**Vargas, uma biografia política** – H. Silva
376.**Poesia reunida (vol.1)** – A. R. de Sant'Anna
377.**Poesia reunida (vol.2)** – A. R. de Sant'Anna
378.**Alice no país do espelho** – Lewis Carroll
379.**Residência na Terra 1** – Pablo Neruda
380.**Residência na Terra 2** – Pablo Neruda
381.**Terceira Residência** – Pablo Neruda
382.**O delírio amoroso** – Bocage
383.**Futebol ao sol e à sombra** – E. Galeano
384(9).**O porto das brumas** – Simenon
385(10).**Maigret e seu morto** – Simenon

86.**Radicci 4** – Iotti

87.**Boas maneiras & sucesso nos negócios** – Celia Ribeiro

88.**Uma história Farroupilha** – M. Scliar

89.**Na mesa ninguém envelhece** – J. A. P. Machado

90.**200 receitas inéditas do Anonymus Gourmet** – J. A. Pinheiro Machado

91.**Guia prático do Português correto – vol.2** – Cláudio Moreno

92.**Breviário das terras do Brasil** – Luis A. de Assis Brasil

93.**Cantos Cerimoniais** – Pablo Neruda

94.**Jardim de Inverno** – Pablo Neruda

95.**Antonio e Cleópatra** – William Shakespeare

96.**Tróia** – Cláudio Moreno

97.**Meu tio matou um cara** – Jorge Furtado

98.**O anatomista** – Federico Andahazi

99.**As viagens de Gulliver** – Jonathan Swift

00.**Dom Quixote – v.1** – Miguel de Cervantes

01.**Dom Quixote – v.2** – Miguel de Cervantes

02.**Sozinho no Pólo Norte** – Thomaz Brandolin

03.**Matadouro Cinco** – Kurt Vonnegut

04.**Delta de Vênus** – Anaïs Nin

05.**O melhor de Hagar 2** – Dik Browne

06.**É grave Doutor?** – Nani

07.**Orai pornô** – Nani

08(11).**Maigret em Nova York** – Simenon

09(12).**O assassino sem rosto** – Simenon

10(13).**O mistério das jóias roubadas** – Simenon

11.**A irmãzinha** – Raymond Chandler

12.**Três contos** – Gustave Flaubert

13.**De ratos e homens** – John Steinbeck

14.**Lazarilho de Tormes** – Anônimo do séc. XVI

15.**Triângulo das águas** – Caio Fernando Abreu

16.**100 receitas de carnes** – Sílvio Lancellotti

17.**Histórias de robôs: vol.1** – org. Isaac Asimov

18.**Histórias de robôs: vol.2** – org. Isaac Asimov

19.**Histórias de robôs: vol.3** – org. Isaac Asimov

20.**O país dos centauros** – Tabajara Ruas

21.**A república de Anita** – Tabajara Ruas

22.**A carga dos lanceiros** – Tabajara Ruas

23.**Um amigo de Kafka** – Isaac Singer

24.**As alegres matronas de Windsor** – Shakespeare

25.**Amor e exílio** – Isaac Bashevis Singer

26.**Use & abuse do seu signo** – Marília Fiorillo e Marylou Simonsen

27.**Pigmaleão** – Bernard Shaw

28.**As fenícias** – Eurípides

29.**Everest** – Thomaz Brandolin

30.**A arte de furtar** – Anônimo do séc. XVI

31.**Billy Bud** – Herman Melville

32.**A rosa separada** – Pablo Neruda

33.**Elegia** – Pablo Neruda

34.**A garota de Cassidy** – David Goodis

35.**Como fazer a guerra: máximas de Napoleão** – Balzac

36.**Poemas de Emily Dickinson**

37.**Gracias por el fuego** – Mario Benedetti

38.**O sofá** – Crébillon Fils

39.**O "Martín Fierro"** – Jorge Luis Borges

40.**Trabalhos de amor perdidos** – W. Shakespeare

41.**O melhor de Hagar 3** – Dik Browne

442.**Os Maias (volume1)** – Eça de Queiroz

443.**Os Maias (volume2)** – Eça de Queiroz

444.**Anti-Justine** – Restif de La Bretonne

445.**Juventude** – Joseph Conrad

446.**Singularidades de uma rapariga loura** – Eça de Queiroz

447.**Janela para a morte** – Raymond Chandler

448.**Um amor de Swann** – Marcel Proust

449.**À paz perpétua** – Immanuel Kant

450.**A conquista do México** – Hernan Cortez

451.**Defeitos escolhidos e 2000** – Pablo Neruda

452.**O casamento do céu e do inferno** – William Blake

453.**A primeira viagem ao redor do mundo** – Antonio Pigafetta

454(14).**Uma sombra na janela** – Simenon

455(15).**A noite da encruzilhada** – Simenon

456(16).**A velha senhora** – Simenon

457.**Sartre** – Annie Cohen-Solal

458.**Discurso do método** – René Descartes

459.**Garfield em grande forma** – Jim Davis

460.**Garfield está de dieta** – Jim Davis

461.**O livro das feras** – Patricia Highsmith

462.**Viajante solitário** – Jack Kerouac

463.**Auto da barca do inferno** – Gil Vicente

464.**O livro vermelho dos pensamentos de Millôr** – Millôr Fernandes

465.**O livro dos abraços** – Eduardo Galeano

466.**Voltaremos!** – José Antonio Pinheiro Machado

467.**Rango** – Edgar Vasques

468.**Dieta mediterrânea** – Dr. Fernando Lucchese e José Antonio Pinheiro Machado

469.**Radicci 5** – Iotti

470.**Pequenos pássaros** – Anaïs Nin

471.**Guia prático do Português correto – vol.3** – Cláudio Moreno

472.**Atire no pianista** – David Goodis

473.**Antologia Poética** – García Lorca

474.**Alexandre e César** – Plutarco

475.**Uma espiã na casa do amor** – Anaïs Nin

476.**A gorda do Tiki Bar** – Dalton Trevisan

477.**Garfield um gato de peso** – Jim Davis

478.**Canibais** – David Coimbra

479.**A arte de escrever** – Arthur Schopenhauer

480.**Pinóquio** – Carlo Collodi

481.**Misto-quente** – Charles Bukowski

482.**A lua na sarjeta** – David Goodis

483.**Recruta Zero** – Mort Walker

484.**Aline 2: TPM – tensão pré-menstrual** – Adão Iturrusgarai

485.**Sermões do Padre Antonio Vieira**

486.**Garfield numa boa** – Jim Davis

487.**Mensagem** – Fernando Pessoa

488.**Vendeta** ***seguido de*** **A paz conjugal** – Balzac

489.**Poemas de Alberto Caeiro** – Fernando Pessoa

490.**Ferragus** – Honoré de Balzac

491.**A duquesa de Langeais** – Honoré de Balzac

492.**A menina dos olhos de ouro** – Honoré de Balzac

493.**O lírio do vale** – Honoré de Balzac

494(17).**A barcaça da morte** – Simenon

495(18).**As testemunhas rebeldes** – Simenon

496(19).**Um engano de Maigret** – Simenon

497.**A noite das bruxas** – Agatha Christie

498.**Um passe de mágica** – Agatha Christie
499.**Nêmesis** – Agatha Christie
500.**Esboço para uma teoria das emoções** – Jean-Paul Sartre
501.**Renda básica de cidadania** – Eduardo Suplicy
502(1).**Pílulas para viver melhor** – Dr. Lucchese
503(2).**Pílulas para prolongar a juventude** – Dr. Lucchese
504(3).**Desembarcando o Diabetes** – Dr. Lucchese
505(4).**Desembarcando o Sedentarismo** – Dr. Fernando Lucchese e Cláudio Castro
506(5).**Desembarcando a Hipertensão** – Dr. Lucchese
507(6).**Desembarcando o Colesterol** – Dr. Fernando Lucchese e Fernanda Lucchese
508.**Estudos de mulher** – Balzac
509.**O terceiro tira** – Flann O'Brien
510.**100 receitas de aves e ovos** – José Antonio Pinheiro Machado
511.**Garfield em toneladas de diversão** – Jim Davis
512.**Trem-bala** – Martha Medeiros
513.**Os cães ladram** – Truman Capote
514.**O Kama Sutra de Vatsyayana**
515.**O crime do Padre Amaro** – Eça de Queiroz
516.**Odes de Ricardo Reis** – Fernando Pessoa
517.**O inverno da nossa desesperança** – John Steinbeck
518.**Piratas do Tietê** – Laerte
519.**Rê Bordosa: do começo ao fim** – Angeli
520.**O Harlem é escuro** – Chester Himes
521.**Café-da-manhã dos campeões** – Kurt Vonnegut
522.**Eugénie Grandet** – Balzac
523.**O último magnata** – F. Scott Fitzgerald
524.**Carol** – Patricia Highsmith
525.**100 receitas de patisseria** – Sílvio Lancellotti
526.**O fator humano** – Graham Greene
527.**Tristessa** – Jack Kerouac
528.**O diamante do tamanho do Ritz** – S. Fitzgerald
529.**As melhores histórias de Sherlock Holmes** – Arthur Conan Doyle
530.**Cartas a um jovem poeta** – Rilke
531(20).**Memórias de Maigret** – Simenon
532.**O misterioso sr. Quin** – Agatha Christie
533.**Os analectos** – Confúcio
534(21).**Maigret e os homens de bem** – Simenon
535(22).**O medo de Maigret** – Simenon
536.**Ascensão e queda de César Birotteau** – Balzac
537.**Sexta-feira negra** – David Goodis
538.**Ora bolas – O humor cotidiano de Mario Quintana** – Juarez Fonseca
539.**Longe daqui aqui mesmo** – Antonio Bivar
540(5).**É fácil matar** – Agatha Christie
541.**O pai Goriot** – Balzac
542.**Brasil, um país do futuro** – Stefan Zweig
543.**O processo** – Kafka
544. **O melhor de Hagar 4** – Dik Browne
545(6).**Por que não pediram a Evans?** – Agatha Christie
546.**Fanny Hill** – John Cleland
547.**O gato por dentro** – William S. Burroughs
548.**Sobre a brevidade da vida** – Sêneca
549.**Geraldão 1** – Glauco
550.**Piratas do Tietê 2** – Laerte
551.**Pagando o pato** – Ciça
552.**Garfield de bom humor** – Jim Davis
553.**Conhece o Mário?** – Santiago
554.**Radicci 6** – Iotti
555.**Os subterrâneos** – Jack Kerouac
556.**Balzac** – François Taillandier
557.**Modigliani** – Christian Parisot
558.**Kafka** – Gérard-Georges Lemaire
559.**Júlio César** – Joël Schmidt
560.**Receitas da família** –J. A. Pinheiro Machado
561.**Boas maneiras à mesa** – Celia Ribeiro
562(7).**Filhos sadios, pais felizes** – R. Pagnoncelli
563(8).**Fatos & mitos** – Dr. Fernando Lucchese
564.**Menáge à trois** – Paula Taitelbaum
565.**Mulheres!** – David Coimbra
566.**Poemas de Álvaro de Campos** – Fernando Pessoa
567.**Medo e outras histórias** – Stefan Zweig
568.**Snoopy e sua turma (1)** – Schulz
569.**Piadas para sempre (livro 1)** – Visconde da Casa Verde
570.**O alvo móvel** – Ross MacDonald
571.**O melhor do Recruta Zero (2)** – Mort Walker
572.**Um sonho americano** – Norman Mailer
573.**Os broncos também amam** – Angeli
574.**Crônica de um amor louco** – Bukowski
575(5).**Freud** – René Major e Chantal Talagrand
576(6).**Picasso** – Gilles Plazy
577(7).**Gandhi** – Christine Jordis
578.**A tumba** – H. P. Lovecraft
579.**O príncipe e o mendigo** – Mark Twain
580.**Garfield, um charme de gato** – Jim Davis
581.**Ilusões perdidas** – Balzac
582.**Esplendores e misérias das cortesãs** – Balzac
583.**Walter Ego** – Angeli
584.**Striptiras (1)** – Laerte
585.**Fagundes: um puxa-saco de mão cheia** – Laerte
586.**Depois do último trem** – Josué Guimarães
587.**Ricardo III** – Shakespeare
588.**Dona Anja** – Josué Guimarães
589.**24 horas na vida de uma mulher** – Stefan Zweig
590.**O terceiro homem** – Graham Greene
591.**Mulher no escuro** – Dashiell Hammett
592.**No que acredito** – Bertrand Russell
593.**Odisséia** (1): Telemaquia – Homero
594.**O cavalo cego** – Josué Guimarães
595.**Henrique V** – Shakespeare
596.**Fabulário geral do delírio cotidiano** – Bukowski
597.**Tiros na noite 1: A mulher do bandido** – Dashiell Hammett
598.**Snoopy em Feliz Dia dos Namorados (2)** – Schulz
599.**Não Se Matam Cavalos** – Horace McCoy
600.**Crime e castigo** – Dostoiévski
601.**Mistério no Caribe** – Agatha Christie
602.**Odisséia (2): Regresso** – Homero
603.**Piadas para sempre (2)** – Visconde da Casa Verde
604.**Sob o vulcão** – Malcolm Lowry
605(8).**Kerouac** – Yves Buin
606.**E agora são cinzas** – Angeli
607.**As mil e uma noites** – Paulo Caruso